CLIMATE CHANGE SIMPLE FRENCH

Learn French the Fun Way With
Topics That Matter

For Low- to High-Intermediate Learners (CEFR B1-B2)

by Olly Richards

Edited by Eleonora Calviello
Gianluca Trifirò, Academic Editor

Copyright © 2022 Olly Richards Publishing Ltd.

All rights reserved. No part of this publication may be reproduced, distributed, or transmitted in any form or by any means, including photocopying, recording, or other electronic or mechanical methods, without the prior written permission of the publisher, except in the case of brief quotations embodied in critical reviews and certain other non-commercial uses permitted by copyright law. For permission requests, write to the publisher:

    Olly Richards Publishing Ltd.

    olly@storylearning.com

Trademarked names appear throughout this book. Rather than use a trademark symbol with every occurrence of a trademarked name, names are used in an editorial fashion, with no intention of infringement of the respective owner's trademark.

The information in this book is distributed on an "as is" basis, without warranty. Although every precaution has been taken in the preparation of this work, neither the author nor the publisher shall have any liability to any person or entity with respect to any loss or damage caused or alleged to be caused directly or indirectly by the information contained in this book.

Climate Change in Simple French: Learn French the Fun Way With Topics that Matter

FREE STORYLEARNING® KIT

Discover how to learn foreign languages faster & more effectively through the power of story.

Your free video masterclasses, action guides, & handy printouts include:

- A simple six-step process to maximise learning from reading in a foreign language

- How to double your memory for new vocabulary from stories

- Planning worksheet (printable) to learn faster by reading more consistently

- Listening skills masterclass: "How to effortlessly understand audio from stories"

- How to find willing native speakers to practise your language with

To claim your FREE StoryLearning® Kit, visit:

www.storylearning.com/kit

WE DESIGN OUR BOOKS TO BE INSTAGRAMMABLE!

Post a photo of your new book to Instagram using #storylearning and you'll get an entry into our monthly book giveaways!

Tag us **@storylearningpress** to make sure we see you!

BOOKS BY OLLY RICHARDS

Olly Richards writes books to help you learn languages through the power of story. Here is a list of all currently available titles:

Short Stories in Danish For Beginners
Short Stories in Dutch For Beginners
Short Stories in English For Beginners
Short Stories in French For Beginners
Short Stories in German For Beginners
Short Stories in Icelandic For Beginners
Short Stories in Italian For Beginners
Short Stories in Norwegian For Beginners
Short Stories in Brazilian Portuguese For Beginners
Short Stories in Russian For Beginners
Short Stories in Spanish For Beginners
Short Stories in Swedish For Beginners
Short Stories in Turkish For Beginners

Short Stories in Arabic for Intermediate Learners
Short Stories in English for Intermediate Learners
Short Stories in Italian for Intermediate Learners
Short Stories in Korean for Intermediate Learners
Short Stories in Spanish for Intermediate Learners

101 Conversations in Simple English
101 Conversations in Simple French
101 Conversations in Simple German
101 Conversations in Simple Italian
101 Conversations in Simple Spanish
101 Conversations in Simple Russian

101 Conversations in Intermediate English
101 Conversations in Intermediate French
101 Conversations in Intermediate German
101 Conversations in Intermediate Italian
101 Conversations in Intermediate Spanish

101 Conversations in Mexican Spanish
101 Conversations in Social Media Spanish

Climate Change in Simple Spanish
Climate Change in Simple French
Climate Change in Simple German
World War II in Simple Spanish

All titles are also available as audiobooks. Just search your favourite store!

For more information visit Olly's author page at *www.storylearning.com/books*

ABOUT THE AUTHOR

Olly Richards is a foreign language expert and teacher. He speaks eight languages and has authored over 30 books. He has appeared in international press, from the BBC and the Independent to El País and Gulf News. He has featured in language documentaries and authored language courses for the Open University.

Olly started learning his first foreign language at the age of 19, when he bought a one-way ticket to Paris. With no exposure to languages growing up, and no natural talent for languages, Olly had to figure out how to learn French from scratch. Twenty years later, Olly has studied languages from around the world and is considered an expert in the field.

Through his books and website, StoryLearning.com, Olly is known for teaching languages through the power of story – including the book you are holding in your hands right now!

You can find out more about Olly, including a library of free training, at his website:

www.storylearning.com

CONTENTS

Introduction xv
How to Use this Book xvii
The Six-Step Reading Process xxiii
A Note From the Editor... xxv
¿Cuánto Sabes Sobre El Cambio Climático?................................1
Introduction to the Story... 3
Character Profiles 5

Première partie : Concepts de base du changement climatique........7
Chapitre 1 : Qu'est-ce que le changement climatique ?................ 8
Chapitre 2 : Comment sait-on que le climat est en train de changer? 14
Chapitre 3: Quand notre climat a-t-il commence a changer aussi rapidement ?.. 20
Chapitre 4: Où trouver de bonnes informations sur le changement climatique?... 26

Deuxième partie : Les caractéristiques des climats 31
Chapitre 5: Les types de climats 32
Chapitre 6: Qu'est-ce que la température ?............................... 38
Chapitre 7: L'air humide, encore plus chaud que l'air chaud! 42
Chapitre 8: Il pleut, il mouille : pluie, vent et nuages................ 46

Troisieme partie : Animaux et changement climatique 51
Chapitre 9: Comment le changement climatique affecte-t-il les animaux?.. 52
Chapitre 10: Dans la jungle : les forêts tropicales humides........ 56
Chapitre 11: Les déserts secs 62
Chapitre 12: Comme un poisson dans l'eau : le changement climatique et nos océans 66
Chapitre 13: Tous connectes : la chaine alimentaire 70
Chapitre 14: Que peut-on faire pour aider ?............................. 74

Quatrième partie : Les aliments 78
Chapitre 15: Nous sommes ce que nous mangeons 79
Chapitre 16: Que peut-on manger d'autre si on ne mange pas de
  viande ? 84
Chapitre 17: Végétariens, végétaliens et flexitariens : un régime
  pour tous les goûts ! 90
Chapitre 18: Cultiver son propre potager 96
Chapitre 19: Les fermes où trouver de la viande saine et "bio" 100
Chapitre 20: L'agriculture conventionnelle 104

Cinquième partie : L'énergie 109
Chapitre 21: Le soleil à l'horizon ! 110
Chapitre 22: Le vent en poupe 116
Chapitre 23: L'énergie nucléaire 122
Chapitre 24: De l'énergie pour tous les goûts ! 128

Sixième partie : Les dechets 133
Chapitre 25: Ce qu'on jette à la maison 134
Chapitre 26: Le problème du plastique 138
Chapitre 27: Économiser l'eau 144
Chapitre 28: Le gaspillage alimentaire 148

Septième partie : Vivre de façon durable 155
Chapitre 29: Comment changer les choses ? 156
Chapitre 30: Accumuler moins de choses 162
Chapitre 31: Les moyens de transport et l'empreinte carbone 168
Chapitre 32: Éteignez les lumières ! il faut économiser l'énergie 174
Chapitre 33: Des technologies du futur pour contrer le changement
  climatique 178
Chapitre 34: Oui, nous pouvons changer les choses ! 184

INTRODUCTION

I have a golden rule when it comes to improving your level and becoming fluent in a foreign language: Read around your interests. When you spend your time reading foreign language content on a topic you're interested in, a number of magical things happen. Firstly, you learn vocabulary that is relevant to your interests, so you can talk about topics that you find meaningful. Secondly, you find learning more enjoyable, which motivates you to keep learning and studying. Thirdly, you develop the habit of spending time in the target language, which is the ultimate secret to success with a language. Do all of this, and do it regularly, and you are on a sure path to fluency.

But there is a problem. Finding learner-friendly resources on interesting topics can be hard. In fact, as soon as you depart from your textbooks, the only way to find material that you find interesting is to make the leap to native-level material. Needless to say, native-level material, such as books and podcasts, is usually far too hard to understand or learn from. This can actually work against you, leaving you frustrated and demotivated at not being able to understand the material.

In my work as a language educator, I have run up against this obstacle for years. I invoke my golden rule: "Spend more time immersed in your target language!", but when students ask me where to find interesting material at a suitable level, I have no answer. That is why I write my books, and why I created this series on non-fiction. By creating learner-friendly material on interesting and important topics, I hope to make it possible to learn your target language faster, more effectively, and more enjoyably, while learning about things that matter to you. Finally, my golden rule has become possible to follow!

Climate Change

If there is one issue that has come to define our times, it is climate change. From classrooms to building sites, office buildings to car showrooms, climate change has become an issue that millions of people around the world are taking more seriously than ever. More and more, people are choosing to educate themselves on what they see as the most important issue of their lives. So, what better way to improve your French than to learn about climate change… *in French?*

Climate Change in Simple French is the ideal companion for climate-conscious learners to improve their French.

Not only will you learn the vocabulary you need to talk about climate change in French, but you will also deepen your knowledge about climate change itself. Written in a fun conversational format that makes the science easier to understand, you'll follow discussions between three main characters over 34 chapters as they discuss the main issues of climate change. Fun, comprehensive, apolitical, and reviewed at PhD level for scientific accuracy, this book is the perfect way to improve your French while learning about the most important issue facing our planet today.

HOW TO USE THIS BOOK

There are many possible ways to use a resource such as this, which is written entirely in French. In this section, I would like to offer my suggestions for using this book effectively, based on my experience with thousands of students and their struggles.

There are two main ways to work with content in a foreign language:

1. Intensively
2. Extensively

Intensive learning is when you examine the material in great detail, seeking to understand all the content – the meaning of vocabulary, the use of grammar, the pronunciation of difficult words, etc. You will typically spend much longer with each section and, therefore, cover less material overall. Traditional classroom learning generally involves intensive learning.

Extensive learning is the opposite of intensive. To learn extensively is to treat the material for what it is – not as the object of language study, but rather as content to be enjoyed and appreciated. To read a book for pleasure is an example of extensive reading. As such, the aim is not to stop and study the language that you find, but rather to read (and complete) the book.

There are pros and cons to both modes of study and, indeed, you may use a combination of both in your approach. However, the "default mode" for most people is to study *intensively*. This is because there is the inevitable temptation to investigate anything you do not understand in the pursuit of progress and hope to eliminate all mistakes. Traditional language education trains us to do this. Similarly, it is not obvious to many readers how extensive study can be effective. The uncertainty and ambiguity can be uncomfortable: "There's so much I don't understand!"

In my experience, people have a tendency to drastically overestimate what they can learn from intensive study and drastically underestimate what they can gain from extensive study. My observations are as follows:

- **Intensive learning**: Although it is intuitive to try to "learn" something you don't understand, such as a new word, there is no guarantee you will actually manage to "learn" it! Indeed, you will be familiar with the feeling of trying to learn a new word, only to forget it shortly afterwards! Studying intensively is also time-consuming, meaning you can't cover as much material.

- **Extensive learning**: By contrast, when you study extensively, you cover huge amounts of material and give yourself exposure to much more content in the language than you otherwise would. In my view, this is the primary benefit of extensive learning. Given the immense size of the task of learning a foreign language, extensive learning is the only way to give yourself the exposure to the language that you need in order to stand a chance of acquiring it. You simply can't learn everything you need in the classroom!

When put like this, extensive learning may sound quite compelling! However, there is an obvious objection: "But how do I *learn* when I'm not looking up or memorising things?" This is an understandable doubt if you are used to a traditional approach to language study. However, the truth is that you can learn an extraordinary amount *passively* as you read and listen to the language, but only if you give yourself the opportunity to do so! Remember, you learned your mother tongue passively. There is no reason you shouldn't do the same with a second language!

Here are some of the characteristics of studying languages extensively:

Aim for completion: When you read material in a foreign language, your first job is to make your way through from beginning to end. Read to the end of the chapter or listen to the entire audio without worrying about things you don't understand. Set your sights on the finish line and don't get distracted. This is a vital behaviour to foster because it trains you to enjoy the material before you start to get lost in the details. This is how you read or listen to things in your native language, so it's the perfect thing to aim for!

Read for gist: The most effective way to make headway through a piece of content in another language is to ask yourself: "Can I follow the gist of what's going on?" You don't need to understand every word, just the main ideas. If you can, that's enough! You're set! You can understand and enjoy a great amount with gist alone, so carry on through the material and enjoy the feeling of making progress! If the material is so hard that you struggle to understand even the gist, then my advice for you would be to consider easier material.

Don't look up words: As tempting as it is to look up new words, doing so robs you of time that you could spend reading the material. In the extreme, you can spend so long looking up words that you never finish what you're reading. If you come across a word you don't understand… Don't worry! Keep calm and carry on. Focus on the goal of reaching the end of the chapter. You'll probably see that difficult word again soon, and you might guess the meaning in the meantime!

Don't analyse grammar: Similarly to new words, if you stop to study verb tenses or verb conjugations as you go, you'll never make any headway with the material. Try to *notice* the grammar that's being used (make a mental note) and carry on. Have you spotted some unfamiliar grammar? No problem. It can wait. Unfamiliar grammar rarely prevents you from understanding the gist of a passage, but can completely derail your reading if you insist on looking up and studying every grammar point you encounter. After a while, you'll be surprised by how this "difficult" grammar starts to become "normal"!

You don't understand? Don't worry! The feeling you often have when you are engaged in extensive learning is: "I don't understand". You may find an entire paragraph that you don't understand or that you find confusing. So, what's the best response? Spend the next hour trying to decode that difficult paragraph? Or continue reading regardless? (Hint: It's the latter!) When you read in your mother tongue, you will often skip entire paragraphs you find boring, so there's no need to feel guilty about doing the same when reading French. Skipping difficult passages of text may feel like cheating, but it can, in fact, be a mature approach to reading that allows you to make progress through the material and, ultimately, learn more.

If you follow this mindset when you read French, you will be training yourself to be a strong, independent French learner who doesn't have to rely on a teacher or rule book to make progress and enjoy learning. As you will have noticed, this approach draws on the fact that your brain can learn many things naturally, without conscious study. This is something that we appear to have forgotten with the formalisation of the education system. But, speak to any accomplished language learner and they will confirm that their proficiency in languages comes not from their ability to memorise grammar rules, but from the time they spend reading, listening to, and speaking the language, enjoying the process, and integrating it into their lives.

So, I encourage you to embrace extensive learning, and trust in your natural abilities to learn languages, starting with… The contents of this book!

THE SIX-STEP READING PROCESS

Here is my suggested six-step process for making the most of each conversation in this book:

1. **Read the short introduction to the conversation.** This is important, as it sets the context for the conversation, helping you understand what you are about to read. Take note of the characters who are speaking and the situation they are in. If you need to refresh your memory of the characters, refer to the character introductions at the front of the book.

2. **Read the conversation all the way through without stopping.** Your aim is simply to reach the end of the conversation, so do not stop to look up words and do not worry if there are things you do not understand. Simply try to follow the gist of the conversation.

3. **Read the "key facts" at the end of the chapter.** This is a short summary of the conversation that will help you understand the topic.

4. **Go back and read the same conversation a second time.** If you like, you can read in more detail than before, but otherwise simply read it through one more time, using the vocabulary list to check unknown words and phrases where necessary.

5. By this point, you should be able to follow the gist of the conversation. **You might like to continue to read the same conversation a few more times until you feel**

confident. Ask yourself: "Did I learn anything new about climate change? Were any facts surprising?"

6. **Move on!** There is no need to understand every word in the conversation, and the greatest value from the book comes from reading it through to completion! Move on to the next conversation and do your best to enjoy the content at your own pace.

At every stage of the process, there will inevitably be parts you find difficult. Instead of worrying about the things you *don't* understand, try to focus instead on everything that you *do* understand, and congratulate yourself for the hard work you are putting into improving your French.

A NOTE FROM THE EDITOR

Climate change is one of the most talked-about topics of our time. Everyone – from your teacher to politicians on TV – is talking about environment-friendly alternatives to today's household items. In addition, scientists around the world are conducting exciting research to resolve what has become a climate crisis.

However, what do we really mean when we speak of "climate change"?

Different news sources and reports can leave us feeling confused, and the answers seem to be more complex than they should be.

First, let's take a look at some definitions:

Climate change is defined as a change in global or regional climate patterns. The term has become popular when referring to changes from the late-20th century onwards. Many of these changes are because of increased levels of atmospheric greenhouse gas (GHG) emissions produced by the use of fossil fuels. GHG emissions in the atmosphere such as carbon dioxide (CO2), water vapor (H2O), nitrous oxide (N2O), methane (CH4) and sulphur hexafluoride (SF6) are produced by both natural and human activities. In addition to these, chlorofluorocarbons (CFCs) can increase the concentration of GHG emissions and so, make a serious contribution to climate change. CFCs are used as refrigerants, sprays, and solvents, and they are exclusively produced by humans.

Since industrialisation, most companies have been using non-sustainable resources, which means that everyone produces harmful emissions. As a result, we are likely to witness more and more natural disasters in the future (such as the Australian wildfires, East Africa drought, and South Asia floods, to mention just a few). Sadly, these emissions are not ordinary or limited to a single area, and the global risk is great. This is an issue that affects all living creatures and (you may have heard this expression) there is no planet B!

An Intergovernmental Panel on Climate Change (IPCC) special report (2018) claimed that global temperatures are now 1.5 °C above pre-industrial levels due to the increase in GHG emissions. The report also stressed the importance of a global response to the threat of climate change and sustainable development (Special Report on Global Warming of 1.5 °C, IPCC). Further studies show that global temperatures may rise dramatically (3-4 °C) by 2100 due to increased levels of man-made GHG emissions (AR5: Synthesis Report: Climate Change 2014, IPCC). As a consequence, and as you'll soon discover in this book, climate change can increase the frequency of heatwaves, floods, and droughts around the world, affecting natural habitats, water, and food availability. It may also have a huge impact on human health.

Undoubtedly, the impact of climate change represents a real threat to the prospects of sustainable development. GHG emissions are deeply linked to population, economic growth, land use, and choice of technology. It has been shown that the development patterns of industrialised countries caused most of the current change in the climate. Therefore, future change will largely be determined by the development patterns of the less industrialised countries, which need to show a more sensitive approach during their economic development by using more environmentally sustainable resources.

These basic features of the problem must shape both the economic and environmental conditions we would like to improve. There are several ways to reduce GHG emissions, for instance by controlling energy efficiency in industries, switching fuels, using renewable energy, and more sustainable recycling. However, positive changes can be carried out, albeit on a smaller scale, by individuals taking ownership and responsibility for their own choices and habits in their daily life. This could include recycling, less frequent car travel, and even our own eating habits!

Gianluca Trifirò.

QUE SAVEZ-VOUS DU CHANGEMENT CLIMATIQUE ?

translated by Julie Baraize

INTRODUCTION TO THE STORY

This book tells the story of three friends: Amélie, Thibault and Marion. Amélie is a writer for a newspaper. She is writing articles on climate change for her work. She lives in Paris. Thibault and Marion are partners. Thibault is a doctor, and Marion is a primary school teacher. They live together in Orléans.

The story is told through conversation in seven parts, over one month in autumn. Each part is on a subject related to climate change. Amélie, Thibault and Marion talk about climate change with their friends, colleagues and even strangers. They talk about the weather in different areas of the world. They talk about how animals, people and plants are hurt by climate change. Diet and energy are also subjects in their conversations.

Climate change can be a controversial topic. In this book, we do not take sides, promote agendas, or try to scare you into action! We want you to be informed. As such, we seek to present the most up-to-date and accurate information available from scientists. You will find a list of research studies and articles at the end of every chapter.

Amélie, Thibault and Marion are people just like you. They want to live a good life. They also want to help the planet. In this book, they learn how to do both. And so will you!

CHARACTER PROFILES

AT THE CAFÉ IN PARIS

Amélie: a 27 year-old journalist at a newspaper who lives and works in central Paris; she is writing articles about climate change

Thibault: a 28 year-old GP; his partner is Marion, and they live in Orléans; he met both Amélie and Marion in high school

Marion: a 27 year-old primary school teacher; her partner is Thibault

AT AMÉLIE'S NEWSPAPER OFFICE IN PARIS

Philippe: a 55 year-old editor at Amélie's newspaper; he grew up in France

Romain: a 30 year-old newspaper writer from Provence, Amélie's co-worker

AT MARION'S PRIMARY SCHOOL IN ORLÉANS

Omar: an 8 year-old Year 3 student; his family came to France from North Africa

Emma: a 7 year-old Year 3 student; her father is a fisherman

AT THIBAULT'S GP PRACTICE IN ORLÉANS

Valérie: a 66 year-old retiree who is part of a local environmental group; Thibault's patient and Yoko's partner

Yoko: a 68 year-old retiree; Thibault's patient and Valérie's partner; she is Japanese

Pascal: a 45 year-old butcher; he owns the local shop Viande Suprême; Valérie and Yoko are his customers

ON THE VIEUX-PORT IN MARSEILLE

Hugo: a 15 year-old student who lives nearby and is studying climate change in secondary school

Jacques: his 80 year-old grandfather who also lives nearby; he is curious about climate change

AT THIBAULT AND MARION'S HOME IN ORLÉANS

Alexandre: a 28 year-old banker who lives in Nantes; he is Thibault's best friend from secondary school and visits Thibault and Marion for a dinner party

PREMIÈRE PARTIE : CONCEPTS DE BASE DU CHANGEMENT CLIMATIQUE

Une fois par mois, Amélie retrouve ses deux amis du lycée, Thibault et Marion, dans un café à Paris. Amélie est journaliste. Elle vit et travaille dans le centre de Paris. Thibault et Marion sont en couple et vivent à Orléans. Il est médecin généraliste et elle est enseignante dans une école primaire. Ils ont tous les trois terminé leurs études il y a quelques années.

CHAPITRE 1 : QU'EST-CE QUE LE CHANGEMENT CLIMATIQUE ?

Début septembre, Amélie appelle ses amis, Thibault et Marion, pour prévoir de prendre un café ensemble comme ils le font chaque mois. Quand Thibault voit l'appel d'Amélie, il met le téléphone sur haut-parleur.

Thibault : Salut Amélie ! Comment vas-tu ?

Amélie : Très bien, Thibault, merci ! Et toi ?

Thibault : Tout va bien ! J'ai mis le téléphone sur haut-parleur, Marion est là aussi.

Marion : Coucou Amélie !

Amélie : Je vous appelle parce que je viens de recevoir de bonnes nouvelles et que j'ai envie de les fêter autour d'un café avec mes meilleurs amis. Vous auriez un moment samedi prochain ?

Thibault : Je pense que oui. Marion, on est libres samedi prochain ?

Marion : Oui ! C'est quoi ces nouvelles, Amélie ?

Amélie : Le journal pour lequel je travaille m'a demandé de rédiger une série d'articles sur le changement climatique, ma première grande mission pour eux !

Thibault et Marion : C'est génial, félicitations !

Marion : L'année dernière, je n'ai pas arrêté de lire des articles sur le changement climatique dans les journaux. Il y a d'abord eu les feux de forêt en Australie, puis les photos qui montraient la diminution de la pollution atmosphérique en Chine et en Italie pendant le confinement à cause de la pandémie en 2020.

Amélie : Oui, je me souviens de ces photos montrant l'évolution de la qualité de l'air en Chine avant et après l'épidémie de Wuhan... La différence était impressionnante !

Thibault : Attends, j'ai une question un peu bête pour toi. Qu'est-ce que c'est le changement climatique, exactement ? Je sais que la température de la planète augmente et que ça provoque des phénomènes météorologiques anormaux, comme des tempêtes violentes ou des sécheresses par exemple, mais je ne suis pas sûr de savoir exactement ce que veut dire le terme de « changement climatique ».

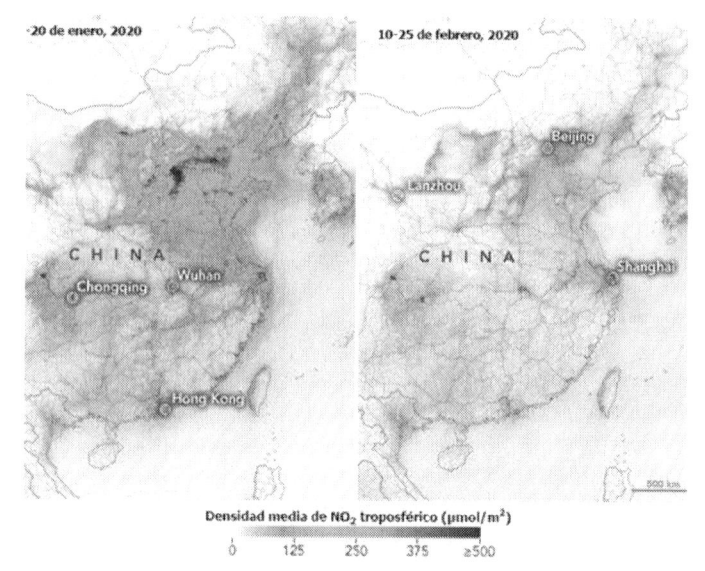

L'évolution du taux de dioxyde d'azote atmosphérique en Chine, image de la NASA

Amélie : Ne t'inquiète pas Thibault, ce n'est pas une question bête du tout ! On parle souvent de « changement climatique » alors qu'en fait on veut parler de « réchauffement planétaire », ce n'est pas tout à fait la même chose.... Commençons par le climat. Le climat, c'est le type de météo caractéristique d'un endroit donné. Le changement climatique, c'est complètement différent : il se produit lorsque le climat d'une région ou du monde entier change de façon permanente. Le climat peut par exemple devenir plus sec, plus pluvieux, plus chaud, plus froid, plus venteux ou plus nuageux.

Marion : Donc, étant donné que Paris a habituellement un climat humide, s'il commence à pleuvoir moins dans l'avenir, et que cela dure plusieurs années, on pourrait dire que Paris vit un changement climatique.

Amélie : Exactement !

Marion : Mais tu as aussi parlé de réchauffement planétaire. Cette expression fait référence à l'augmentation des températures enregistrées sur Terre ces dernières années, n'est-ce pas ?

Amélie : Presque. Le réchauffement planétaire fait davantage référence à la façon dont certaines technologies, comme les voitures et les centrales électriques, ont provoqué l'augmentation des températures sur la Terre.

Thibault : Je vois ! Je pense que je comprends la différence ! Le changement climatique, c'est le changement du climat dans un endroit, alors que le réchauffement planétaire, c'est l'augmentation des températures sur Terre.

Amélie : Je vous en dirai plus samedi prochain ! On se retrouve à 14 heures comme d'habitude, au Café Péniche sur les quais de la Seine ?

Thibault : Cool ! On a hâte de te voir, Amélie, et d'en apprendre plus sur le changement climatique !

Faits essentiels :

- *Le climat est le temps normalement observé à un endroit donné : la température, la vitesse du vent, la quantité de pluie/neige et de nuages et d'autres éléments.*
- *On parle de changement climatique lorsque le climat d'un lieu change suffisamment pour devenir un nouveau climat. Le climat d'une région peut devenir plus chaud, plus froid, plus humide ou plus sec, et il peut y avoir plus de vent ou de nuages.*
- *Le réchauffement planétaire est l'augmentation de la température sur Terre, qui n'a commencé à être détectée que récemment, et qui est causée par des activités humaines telles que le transport et la combustion du charbon pour l'électricité.*

Vocabulaire

(un) médecin généraliste GP, family doctor
(un) haut-parleur loudspeaker
diminuer decrease
augmenter increase
(une) sécheresse drought
(un) réchauffement warming
pluvieux rainy
une centrale électrique power station
félicitations congratulations
(une) tempête storm
(du) charbon coal

Bibliographie

IPCC, 2013 : Glossaire [Planton, S. (éd.)]. Dans : Changements climatiques 2013. Les éléments scientifiques. Contribution du Groupe de travail I au cinquième Rapport d'évaluation du Groupe d'experts intergouvernemental sur l'évolution du climat [sous la direction de Stocker, T.F., D. Qin, G.-K. Plattner, M. Tignor, S. K. Allen, J. Boschung, A. Nauels, Y. Xia, V. Bex et P.M. Midgley]. Cambridge University Press, Cambridge, Royaume-Uni et New York (État de New York), États-Unis d'Amérique. https://www.ipcc.ch/site/assets/uploads/2018/03/WG1AR5_SummaryVolume_FINAL_FRENCH.pdf.

National Aeronautics and Space Administration (NASA). (2020). *Resources: Global Warming vs. Climate Change* | Overview: Weather, global warming, and climate change. Global climate change: Vital signs of the planet. https://climate.nasa.gov/resources/global-warming-vs-climate-change/.

Patel, K. (s.f.). Airborne nitrogen dioxide plummets over China. NASA Earth observatory. https://earthobservatory.nasa.gov/images/146362/airborne-nitrogen-dioxide-plummets-over-china.

Stevens, J. (1er janvier-25 février 2020) [Nitrogen dioxide plummeting over China] [Image]. Récupéré le 23 mai 2020. https://earthobservatory.nasa.gov/images/146362/airborne-nitrogen-dioxide-plummets-over-china.

CHAPITRE 2 : COMMENT SAIT-ON QUE LE CLIMAT EST EN TRAIN DE CHANGER ?

C'est samedi. Amélie, Thibault et Marion sont sur une péniche sur la Seine, dans le centre de Paris. Ils trouvent une table libre et s'y installent. C'est la première semaine de septembre, mais ils sont encore en t-shirt.

Amélie : Je suis super contente de vous revoir tous les deux ! Comment ça va ?

Marion : Très bien ! J'ai hâte de retourner à l'école la semaine prochaine. Je n'en reviens pas, c'est déjà le début du mois de septembre, mais il fait tellement chaud qu'on se croirait en plein août !

Thibault : C'est clair ! Qu'est-ce que vous voulez boire ? Je vais aussi commander de l'eau bien fraîche !

Amélie : C'est gentil Thibault, merci ! Avec cette chaleur, il faut boire beaucoup d'eau. Je vais prendre un cappuccino.

Thibault : Et toi, Marion ?

Marion : Un thé. Merci, chéri !

Thibault : Ok, je reviens tout de suite !

Marion : C'est agréable ici à l'ombre avec cette petite brise ! Il fait incroyablement chaud aujourd'hui. C'est fou, non ?

Amélie : Ce n'est pas tellement surprenant ! Je suis justement en train de terminer un article sur cette canicule. On se croirait à l'été 2019, l'été le plus chaud jamais enregistré au nord de l'équateur !

Thibault : Et voilà vos boissons, les filles. J'ai bien entendu « chaud » ? Vous êtes en train de parler de tes articles sur le changement climatique, Amélie ?

Marion : Thibault, raconte-lui ce qui est arrivé à Mme Duval !

Amélie : Mme Duval ?

Thibault : Oui, c'est une vieille dame qui habite seule dans notre quartier. Elle a eu des vertiges la semaine dernière en allant au supermarché, elle marchait en plein soleil. Elle a dû passer la nuit à l'hôpital !

Amélie : Oh non, la pauvre ! Elle va mieux maintenant ?

Thibault : Oui, elle est rentrée chez elle. Je lui ai rappelé qu'elle devait boire beaucoup d'eau, porter un chapeau pour se protéger du soleil, utiliser de la crème solaire et rester à l'intérieur pendant les heures les plus chaudes.

Marion : Une bonne pluie ferait baisser la température !

Amélie : En parlant de pluie, certains scientifiques français pensent que nous pourrions avoir plus de pluies intenses en hiver à cause du changement climatique. C'est dommage qu'on ne les ait pas en juillet !

Marion : Des hivers plus pluvieux, des étés plus chauds…

Et à part ça, comment est-ce que le changement climatique risquerait d'influencer notre mode de vie ?

Amélie : Les effets du changement climatique sont différents selon leur localisation géographique. Vous vous souvenez des incendies en Australie ?

Thibault : Si je m'en souviens ? L'équivalent de la Suisse et de la Belgique réunies a brûlé !

Amélie : Toute cette zone a brûlé parce qu'en 2018 et 2019, les étés ont été très secs. Lorsque les plantes et le sol sont secs, ils brûlent plus facilement.

Marion : Ça m'avait fait tellement de peine d'apprendre que tant de koalas et de kangourous étaient morts à cause des incendies… Certains disaient même qu'il ne restait plus de koalas en Australie ! Mes élèves étaient tellement tristes pour ces animaux que nous avons écrit des lettres de soutien aux professionnels qui s'en occupaient.

Amélie : Oui, la mort d'animaux est un autre effet du changement climatique. Lorsque les animaux perdent leur habitat à cause du feu, ils ne peuvent pas survivre. Et les koalas ne sont malheureusement pas les seules victimes. Les insectes et les poissons aussi ont du mal à survivre si les zones où ils vivent se réchauffent.

Thibault : Eh ben ! C'est pour ça que le poissonnier n'a toujours pas de morues pour faire mes acras !

Marion : On va être à court d'acras de morue ?!

Maintenant je sais ce que c'est que de souffrir du changement climatique !

Tous : Ha ha ha ha !

Faits essentiels :

- *Les effets du changement climatique sont visibles partout : multiplication des feux de forêt, augmentation du nombre de jours de canicule, disparition d'animaux, mais aussi dans notre ressenti corporel.*

Vocabulaire

chéri love, honey
à l'ombre in the shade
(une) canicule heatwave
avoir du mal à to find it difficult to
avoir des vertiges to feel dizzy, to feel queasy
(une) crème solaire sunscreen
(un) incendie fire
(un) soutien support **survivre** to survive
(une) morue cod fish
être à court de to run out of

Bibliographie

BBC News. (31 janvier 2020). *Australia fires: A visual guide to the bushfire crisis*. https://www.bbc.com/news/world-australia-50951043.

Brochure de l'INPES. (2017). *La canicule et nous… Comprendre et agir*. Ministère chargé de la santé. Santé publique France. https://www.udaf74.fr/upload/documents/la-canicule-et-nous_52.pdf.

International Union for Conservation of Nature (ICUN). (s.f.). *Species and climate change*. Species: Our work. https://www.iucn.org/theme/species/our-work/species-and-climate-change.

National Oceanic and Atmospheric Administration (NOAA). (16 septembre 2019). *Summer 2019 was hottest on record for Northern Hemisphere*. News & Features. https://www.noaa.gov/news/summer-2019-was-hottest-on-record-for-northern-hemisphere.

Nuccitelli, D. (17 janvier 2020). *How climate change influenced Australia's unprecedented fires*. Yale Climate Connections. https://www.yaleclimateconnections.org/2020/01/how-climate-change-influenced-australias-unprecedented-fires/.

Ouzeau G., Déqué M., Jouini M., Planton S., Vautard R. Sous la direction de Jean Jouzel (août 2014). *Scénarios régionalisés : édition 2014 pour la métropole et les régions d'outre-mer*. Ministère de l'Écologie, du Développement durable et de l'Énergie. Direction générale de l'Énergie et du Climat.https://www.vie-publique.fr/sites/default/files/rapport/pdf/144000543.pdf.

Samuel, S. (7 janvier 2020). *A staggering 1 billion animals are now estimated dead in Australia's fires*. Vox. https://www.vox.com/future-perfect/2020/1/6/21051897/australia-fires-billion-animals-dead-estimate.

CHAPITRE 3 : QUAND NOTRE CLIMAT A-T-IL COMMENCÉ À CHANGER AUSSI RAPIDEMENT ?

Marion, Amélie et Thibault, toujours confortablement installés sur la péniche, poursuivent leur conversation sur le changement climatique.

Marion : Amélie, j'ai une autre question pour toi sur le changement climatique et le réchauffement planétaire.

Amélie : Oui ?

Marion : Il y a longtemps, les températures de notre planète étaient bien plus élevées, non? ?

Amélie : Oui, mais il y a très longtemps : il y a environ 56 millions d'années ! En fait, le climat était trop chaud pour permettre la vie. Cette température était causée par le niveau élevé de dioxyde de carbone, ou CO_2, dans l'air.

Thibault : Le dioxyde de carbone, c'est l'un des « gaz à effet de serre », non ?

Amélie : Oui ! Le dioxyde de carbone est libéré dans l'air quand on brûle du charbon et d'autres combustibles. Le taux de dioxyde de carbone a commencé à augmenter peu après le début de la révolution industrielle, au début du XIXe siècle, quand il commençait à y avoir de plus en plus d'usines et de moins en moins de fermes.

Marion : Je me souviens avoir étudié ça à l'école ! Les usines brûlaient du charbon pour faire fonctionner leurs machines. La combustion du charbon dégageait une épaisse fumée noire dans les grandes villes.

Amélie : Tout à fait. La fumée des usines a commencé à modifier la température des océans dès 1830.

Thibault : Ah bon ? Les océans se sont réchauffés ?

Amélie : Oui, et la quantité de dioxyde de carbone dans l'air a augmenté de 45 % depuis la révolution industrielle.

Thibault : Eh ben, ça fait beaucoup de dioxyde de carbone !

Marion : Énormément ! Mais les taux de dioxyde de carbone n'augmentent pas au même rythme chaque année, non ?

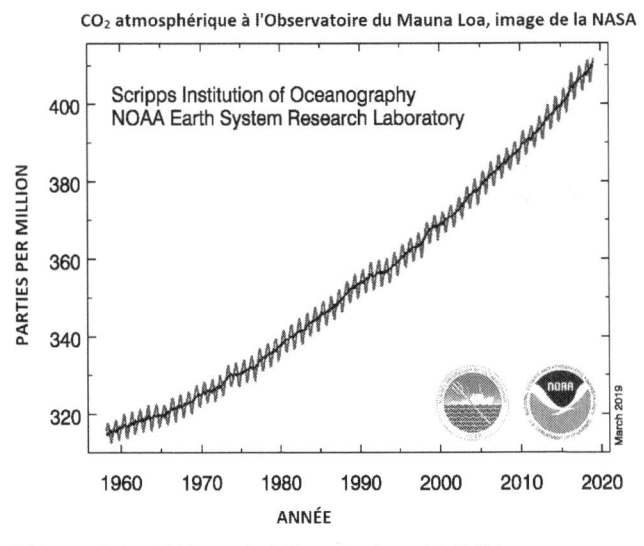

CO2 atmosphérique à l'Observatoire du Mauna Loa, image de la NASA.

Amélie : C'est vrai, Marion. Regardez ce graphique sur mon téléphone. Si cette ligne était droite, elle se terminerait à environ 370, mais comme elle n'est pas droite, elle se termine à 420 ppm. «Ppm» signifie «parties par million», c'est le nombre de particules de dioxyde de carbone dans un million de particules d'air.

Thibault : Donc, si je résume : nous avons commencé à brûler des combustibles fossiles comme le charbon, le pétrole et le gaz naturel au début du XIXe siècle pour faire fonctionner nos usines…

Marion et Amélie : Oui…

Thibault : … Et cette combustion a libéré beaucoup de dioxyde de carbone dans l'atmosphère.

Marion et Amélie : C'est ça !

Thibault : Et comme de plus en plus d'usines ont vu le jour dans différents pays, le niveau de dioxyde de carbone a augmenté de plus en plus vite.

Amélie et Marion : Oui !

Amélie : Ça me donne soif de parler de réchauffement ! Je pense que je vais prendre un autre cappuccino, mais cette fois, un cappuccino glacé !

Thibault : N'oublie pas de boire un bon verre d'eau !

Amélie : Oui, et vous aussi. Je vous sers ?

Faits essentiels :

- *Notre climat a commencé à changer pendant la révolution industrielle, lorsque les usines ont commencé à brûler du charbon.*
- *Le climat change plus rapidement depuis les années 60, au même rythme que l'expansion de la croissance industrielle dans le monde.*

Vocabulaire

se libérer to be released
(un) combustible fuel
(un) début beginning, start
(une) usine factory

Bibliographie

Abram, N. J., McGregor, H. V., Tierney, J. E., Evans, M. N., McKay, N. P., Kaufman, D. S., et PAGES 2k Consortium. (2016). Early onset of industrial-era warming across the oceans and continents. *Nature, 536*, 411-18. https://doi.org/10.1038/nature19082.

Buis, A. (9 de octubre de 2019). *Features | The atmosphere: getting a handle on carbon dioxide*. NASA. https://climate.nasa.gov/news/2915/the-atmosphere-getting-a-handle-on-carbon-dioxide/.

IPCC, 2013 : Glossaire [Planton, S. (éd.)]. Dans : Changements climatiques 2013. Les éléments scientifiques. Contribution du Groupe de travail I au cinquième Rapport d'évaluation du Groupe d'experts intergouvernemental sur l'évolution du climat [sous la direction de Stocker, T.F., D. Qin, G.-K. Plattner, M. Tignor, S. K. Allen, J. Boschung, A. Nauels, Y. Xia, V. Bex et P.M. Midgley]. Cambridge University Press, Cambridge, Royaume-Uni et New York (État de New York), États-Unis d'Amérique. https://www.ipcc.ch/site/assets/uploads/2018/03/WG1AR5_SummaryVolume_FINAL_FRENCH.pdf.

NOAA. (s.f.). Atmospheric CO_2 at Mauna Loa Observatory [Infographic]. NASA. https://climate.nasa.gov/news/2915/the-atmosphere-getting-a-handle-on-carbon-dioxide/.

Portail FACILECO, Culture économique, 120 000 ans d'histoire du ministère de l'Economie et des finances et de la relance. (s.f.). *La révolution industrielle*. https://www.economie.gouv.fr/facileco/revolution-industrielle#.

Scott, M. et Lindsey, R. (12 août 2014). *What's the hottest Earth's ever been?* Climate.gov. https://www.climate.gov/news-features/ climate-qa/whats-hottest-earths-ever-been.

CHAPITRE 4 : OÙ TROUVER DE BONNES INFORMATIONS SUR LE CHANGEMENT CLIMATIQUE ?

Après avoir rempli les verres d'eau de tout le monde, Amélie va commander un cappuccino glacé pour elle, une eau gazeuse pour Thibault et une part de tarte pour Marion. Quelques instants plus tard, elle revient avec les boissons et le gâteau.

Amélie : Et voilà ! Ils avaient bien de la tarte Tatin, Marion.

Marion : Ma préférée ! Merci, Amélie !

Thibault : Où est-ce que tu trouves les informations pour tes articles ? J'aimerais en lire plus sur le changement climatique, mais je ne suis pas scientifique.

Amélie : Moi non plus, à vrai dire, mais tu peux trouver plein de bonnes ressources sur Internet. Le site des Nations Unies a beaucoup d'informations très détaillées sur le sujet. Ils ont publié le grand rapport scientifique de 2013 sur le changement climatique, écrit par le Groupe d'experts intergouvernemental sur l'évolution du climat, ou GIEC.

Marion : J'ai entendu parler du rapport du GIEC, il est facile à lire ?

Amélie : Non, pas vraiment. En plus, comme c'est le rapport le plus détaillé jamais écrit sur le changement climatique, il est très long. Mais la NASA a un site web sur le changement climatique beaucoup plus facile à comprendre ! Le site web du ministère français de la Transition écologique contient aussi de très bonnes informations.

Marion : Merci ! Je vais y jeter un coup d'œil . Est-ce que tu connaîtrais de bonnes ressources pour les enfants ?

Amélie : Bien sûr ! Le site d'ÉduClimat contient une médiathèque et du matériel pédagogique sur le changement climatique pour les enseignants. Le site web de "La main à la pâte" propose aussi des ressources intéressantes.

Marion : Parfait pour mes élèves ! Je pense que je vais leur faire étudier le changement climatique cette année.

Thibault : Très bonne idée !

Marion : Bon, chéri, il faut qu'on y aille. C'était génial de te voir, Amélie, et d'en apprendre autant sur le changement climatique. J'ai hâte de lire tes articles !

Amélie : Merci ! Hé, j'ai une idée, et si on commençait tous les trois à faire des recherches sur le changement climatique ces prochaines semaines ? On pourrait se raconter tout ce qu'on a appris à notre prochaine rencontre.

Thibault : Ça marche, c'est une super idée. J'espère qu'il fera plus frais la prochaine fois qu'on se verra ! Rendez-vous le mois prochain, Amélie !

Amélie : Allez, à la prochaine !

Thibault et Marion : Bye !

> *Faits essentiels :*
>
> - *Tu peux trouver des informations scientifiques de qualité sur le changement climatique sur les sites Web d'organisations telles que les Nations unies, la NASA, le ministère de la Transition écologique et National Geographic.*

Vocabulaire

(une) tarte Tatin famous French upside-down apple tart
à vrai dire to be honest
(un) rapport report
entendre parler de hear about
en fait actually
jeter un coup d'œil to take a look
pédagogique educational, didactic
j'ai hâte de I can't wait to
ça marche it's on, let's do it
à la prochaine ! see you !

Bibliographie

ÉduClimat. (s.f.). https://educlimat.fr/.

Fondation La main à la pâte. (s.f.). Continuité pédagogique. Changement climatique. https://www.fondation-lamap.org/continuite-climat?fbclid=IwAR09ikAgDICgoSog-6tHi4v7-cKaeedtAaS-Skl7GQNHRIDwIzCKYKdYDKw

Ministère de la Transition écologique. (s.f.). *Changement climatique : causes, effets et enjeux*. https://www.ecologie.gouv.fr/changement-climatique-causes-effets-et-enjeux.

Ministère de la Transition Écologique. Janvier 2021. *Comprendre le changement climatique.* https://www.ecologie.gouv.fr/sites/default/files/ONERC_Journal%20d e%20l%E2%80%99exposition_Comprendre%20le%20changement%20climatique_FR.pdf

Nations unies (UN). (s.f.). Changements climatiques. https://www.un.org/fr/global-issues/climate-change.

Van der Linden, S. L., Leiserowitz, A. A., Feinberg, G. D., et Maibach, E. W. (2014). How to communicate the scientific consensus on climate change: plain facts, pie charts or metaphors? *Climatic Change, 126*, 255-62. https://doi.org/10.1371/journal.pone.0118489.s001.

DEUXIÈME PARTIE : LES CARACTÉRISTIQUES DES CLIMATS

CHAPITRE 5 : LES TYPES DE CLIMATS

Amélie est au bureau du journal pour lequel elle travaille, dans le centre de Paris. Elle est en train de parler de ses articles sur le changement climatique avec le rédacteur en chef, Philippe, et un collègue, Romain.

Philippe : Ton article sur les différences entre climat, changement climatique et réchauffement planétaire est fantastique, Amélie ! Nos lecteurs ont adoré, et moi aussi.

Amélie : Merci beaucoup, Philippe ! Ça m'a plu de l'écrire.

Romain : Félicitations ! Excellent travail, Amélie. Je peux te poser une question ?

Amélie : Bien sûr !

Romain : Dis-moi, on compte combien de types de climats différents ?

Amélie : On compte cinq grandes régions climatiques. Les scientifiques les appellent Zones A, B, C, D et E.

Romain : Et à quoi est-ce que ça correspond ?

Amélie : Je vais te montrer ! Attends, je vais allumer mon ordinateur… Voilà, cette carte montre les cinq principales régions climatiques.

Philippe : C'est très coloré !

Amélie : C'est vrai ! Bon, commençons par la Zone A, la région au climat tropical. Les zones tropicales sont des endroits chauds et humides proches de l'équateur, comme c'est le cas des forêts tropicales du Brésil.

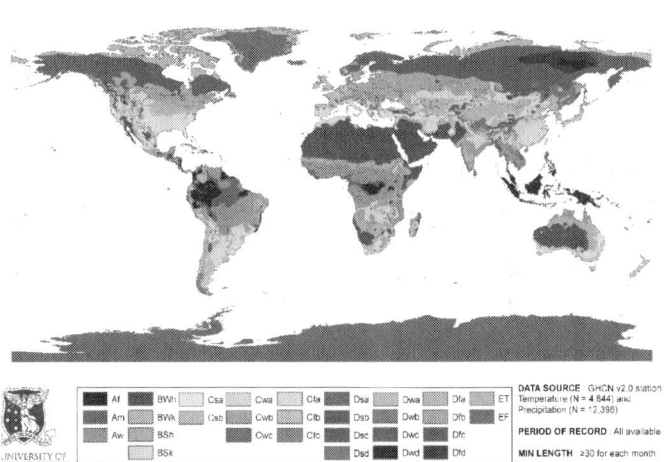

Carte climatique mondiale Köppen-Geiger mise à jour, copyright Peel et all (2007).

Romain : Je vois, les climats tropicaux sont chauds et humides...

Philippe : Le Brésil se trouve là sur la carte… Ok, donc la Zone A est de couleur bleu foncé. On dirait qu'il y a d'autres zones tropicales au centre et dans l'ouest de l'Afrique, et dans le sud-est de l'Asie.

Amélie : Tout à fait, Philippe ! Ensuite il y a la Zone B, la région aride. « Aride » veut dire « sec », ces zones correspondent donc...

Philippe : ...aux déserts ! Comme dans le nord et le sud de l'Afrique, au Moyen-Orient et en Australie.

Romain : Le désert du Sahara se trouve là, au nord de l'Afrique. Donc la Zone B correspond à la couleur rouge, c'est ça ?

Amélie : Exactement ! Passons maintenant à la Zone C, aussi appelée zone tempérée chaude.

Philippe : "Tempéré", ça vient du mot "température" ?

Amélie : Pas tout à fait ! « Tempéré » veut dire « doux », c'est-à-dire ni trop chaud ni trop froid… Comme ici en France !

Philippe : Sur cette carte, la France est principalement en vert… Avec un peu de jaune. Donc j'imagine que la Zone C correspond à la zone jaune et verte, et comprend notamment l'Espagne, l'Angleterre, et le sud-est des États-Unis.

Romain : Eh bien, à cause de cette vague de chaleur, je ne trouve pas que le temps soit très tempéré en ce moment !

Philippe : Ha ha ! C'est clair, Romain ! Cela dit, tu imagines la chaleur qu'il doit faire dans les Zones A et B ?

Amélie : Oh, Philippe, je ne veux même pas y penser ! Vous savez comment s'appelle la Zone D ? La zone continentale.

Philippe : L'Europe est un « continent », mais je ne vois pas ce que cette dénomination représente au niveau climatique… Dans certains endroits en France, en Allemagne et en Europe de l'Est, il fait plus froid et il neige plus souvent en hiver. Je suppose que la Zone D correspond au nord et au centre de l'Europe ?

Romain : Si c'est le cas, Philippe, alors la Zone D est en bleu clair dans le nord de l'Europe, et en violet et vert en Russie et au Canada.

Amélie : Bien vu ! La zone continentale se situe au nord de l'Europe, loin des côtes. Le centre et le nord-est des États-Unis ainsi que la majeure partie du Canada se trouvent dans la Zone D.

Romain : Ce qui signifie que la région climatique qui nous reste est probablement celle en gris au nord de la Russie, au Groenland et en Antarctique. Ce sont les parties gelées de la Terre, c'est bien ça ?

Amélie : C'est ça ! La Zone E est la région dite polaire, comme les ours polaires !

Romain : Comment les scientifiques décident-ils de l'emplacement de chaque zone climatique, Amélie ?

Amélie : Ils mesurent plein de facteurs pour définir le climat d'un endroit : la température, la quantité de pluie, la proximité de la mer ou de l'océan, le niveau d'altitude au-dessus de la mer, le type de plantes qui y poussent et même le vent qui y souffle.

Romain : Je vois… En tout cas, peu importe ce que dit la carte, avec tout le vent qui souffle sur les côtes Provençales, il ne fait pas si chaud que ça là-bas !

Amélie et Philippe : Ha ha !

Romain : En parlant de chaleur, je vais baisser la climatisation ! Mais juste d'un degré, Amélie, je sais que nous devons faire attention à notre consommation d'électricité.

Amélie : Quel bon élève, Romain !

Faits essentiels :

- *Le climat d'une région dépend de nombreux facteurs, comme : sa proximité de l'équateur, son altitude, sa proximité de la mer, l'humidité de l'air, les plantes qui y poussent et les types de vent qui y soufflent.*
- *Les cinq principales zones climatiques sont : la zone tropicale, la zone aride, la zone tempérée, la zone continentale et la zone polaire*

Vocabulaire

(un) rédacteur publisher, director of a publishing company
(un) lecteur reader
(une) vague wave
montrer to show
(une) forêt tropicale rainforest
tout à fait absolutely
comprendre to understand, to include
gelé frozen
(la) consommation consumption
en parlant de speaking of (a topic that has been just mentioned)

Bibliographie

Lumen. (s.f.). Humid continental (group D). https://courses.lumenlearning.com/geophysical/chapter/humid-continental-group-d/.

National Wildlife Federation (NWF). (s.f.). Polar bear. The National Wildlife Federation. https://www.nwf.org/Educational-Resources/Wildlife-Guide/Mammals/Polar-Bear.

Peel MC, Finlayson BL & McMahon TA (2007), Updated world map of the Köppen-Geiger climate classification, Hydrol. Earth Syst. Sci., 11, 1633-1644.

Peel, M. C., Finlayson, B. L., et McMahon, T. A. (s.f.). Köppen classification map [Map]. En Köppen Climate Classification System. En National Geographic Resource Library. Récupéré le 23 mars 2020 sur : https://www.nationalgeographic.org/ encyclopedia/ koppen-climate-classification-system/.

CHAPITRE 6 : QU'EST-CE QUE LA TEMPÉRATURE ?

Romain règle la climatisation et revient au bureau où il continue de discuter avec Philippe et Amélie.

Philippe : Je suis beaucoup plus âgé que vous, et croyez-moi : il y a quelques années, il ne faisait pas aussi chaud que ça à Paris !

Amélie : C'est vrai ! Je viens de lire un rapport de 2019 qui indique que la température en France a augmenté de 1,7 °C depuis la fin de l'ère préindustrielle en 1900, et qu'elle allait continuer à augmenter.

Romain : Tiens, j'ai une autre question absurde pour vous deux.

Amélie : Aucune question sur le changement climatique n'est absurde, Romain ! Vas-y, dis-nous.

Romain : La température, qu'est-ce que c'est exactement ? La température de l'air, je veux dire. Je sais qu'on fait bouillir de l'eau en la chauffant. Est-ce que ça fonctionne de la même manière pour l'air ? Est-ce que le soleil le chauffe comme le feu chauffe l'eau d'une casserole ?

Philippe : Tout à fait, Romain. Autrefois, le soleil chauffait l'air à la température idéale pour que les plantes, les animaux et les humains vivent dans des conditions idéales. Aujourd'hui, il y a trop de gaz à effet de serre dans l'air. La cuisinière est trop chaude, pour ainsi dire.

Amélie : La cuisine est une excellente illustration pour expliquer le réchauffement planétaire ! Et pour comprendre l'effet de serre, on peut utiliser l'exemple du jardinage. L'un de vous a-t-il un potager ?

Philippe : Ma femme adore jardiner, et j'aime bien l'aider à désherber en été. Quand il ne fait pas trop chaud bien sûr ! Et toi, Romain ?

Romain : Je n'en ai pas. Mais ma mère adore le jardinage, et ses tomates sont les meilleures de Provence, mais personnellement, les plantes, ce n'est pas mon truc ! Mais j'adore me balader dans le Jardin des Plantes.

Amélie : Alors je suis sûre que tu es déjà allé dans les Grandes serres du Jardin des Plantes. Elles ont été construites là où se trouvaient le Jardin royal des plantes médicinales au XIXe siècle.

Romain : Oui, j'adore cet endroit ! Et vous savez comment fonctionne une serre ?

Amélie et Philippe : Vas-y, explique !

Romain : Une serre est un bâtiment en verre construit pour les plantes qui ont besoin d'un air plus chaud que l'air extérieur. Le verre permet à la chaleur du soleil d'entrer dans la serre, mais l'empêche d'en ressortir. C'est comme ça que l'air de la serre reste chaud.

Philippe : Et c'est pour ça qu'on appelle le dioxyde de carbone un « gaz à effet de serre » : il piège la chaleur du soleil et transforme la Terre en une grande serre.

Amélie : Exactement ! Sans les gaz à effet de serre, il ferait trop froid sur Terre, et on ne pourrait pas y vivre.

Philippe : Donc si je comprends bien, les jardiniers créent et maîtrisent cet effet de serre pour le bien-être de leurs plantes… Alors que le réchauffement planétaire est dû à un effet de serre trop élevé et incontrôlé...

Amélie : C'est un très bon résumé, Philippe ! Je peux l'utiliser dans mon article ?

Philippe : Bien sûr. Mais n'oublie pas de mentionner que la charmante épouse de ton gentil rédacteur a un fabuleux potager dans son jardin !

Amélie : Ha ha, compte sur moi !

Faits essentiels :

- *La température mesure la chaleur de l'air dans un lieu donné.*
- *L'effet de serre se produit lorsque certains gaz, comme le dioxyde de carbone, piègent la chaleur du Soleil dans notre atmosphère et ne laissent pas l'excès de chaleur s'échapper dans l'espace. Cela entraîne une surchauffe de la Terre et une augmentation des températures.*

Vocabulaire

bouillir to boil
(une) casserole saucepan
(une) cuisinière burner, cooker
(une) serre greenhouse
(un) potager vegetable garden
éviter to avoid
rester to stay
piéger to trap
charmant charming, lovely
mesurer to measure

Bibliographie

Météo France. (28 février 2020). *Climat : l'évolution constatée en France*. https://meteofrance.com/changement-climatique/observer/climat-levolution-constatee-en-france

Muséum national d'Histoire naturelle. (s.f.). L'histoire des Grandes Serres du Jardin des Plantes. Récupéré le 7 octobre 2021 sur : https://www.jardindesplantesdeparis.fr/fr/aller-plus-loin/histoire/lhistoire-grandes-serres-jardin-plantes-3771.

University Corporation for Atmospheric Research (UCAR). (2011). *The greenhouse effect*. https://scied.ucar.edu/longcontent/ greenhouse-effect.

CHAPITRE 7 : L'AIR HUMIDE, ENCORE PLUS CHAUD QUE L'AIR CHAUD !

Deux jours plus tard, Philippe, Amélie et Romain sont au bureau. Il fait encore chaud, mais le ciel gris est lourd de nuages. Soudain, il se met à pleuvoir. Romain regarde par la fenêtre.

Romain : Dieu, merci ! J'espère que la pluie rafraîchira un peu les températures...

Amélie : Ce serait génial ! Ça nous permettrait de respirer un peu.

Philippe : Grâce à la pluie, l'air ne sera plus aussi humide.

Amélie : Et mes cheveux bouclés ne doubleront pas de volume !

Romain : Mais c'est très glamour, Amélie, des cheveux bouclés avec du volume ! Moi, l'air humide me fait tellement transpirer que tous mes vêtements sont trempés, et ça, ce n'est pas du tout glamour.

Amélie : Ha ha, non, c'est sûr !

Philippe : Amélie, comme tu es notre experte du climat, je voulais te demander : c'est quoi exactement le taux d'humidité ? J'ai toujours pensé que c'était la quantité de vapeur dans l'air, mais je ne suis pas sûr que ça soit ça.

Amélie : C'est ça, tu as raison ! L'humidité correspond à la quantité de vapeur d'eau présente dans l'air. Tiens, par exemple : si quelqu'un versait de l'eau sur nous, nos vêtements colleraient à notre corps. C'est la même chose avec l'humidité dans l'air : l'eau rend l'air plus humide et collant, et nous avec !

Romain : En tant qu'expert en transpiration, je peux aussi te confirmer qu'il est plus difficile de supporter la chaleur lorsqu'il fait très humide.

Philippe : Pourquoi tu dis ça, Romain ?

Romain : Lorsqu'on transpire, l'air chaud qui nous entoure absorbe la sueur, et ça contribue à faire baisser notre sensation de chaleur. C'est comme si on ouvrait la porte de la serre pour laisser sortir l'air chaud qui s'y trouve.

Philippe : Je vois… Notre corps est comme une serre, et nous ouvrons la porte quand nous transpirons.

Romain : C'est à peu près ça. Mais quand l'air extérieur de la serre est plus chaud que l'air intérieur, on ne peut pas faire baisser la température en ouvrant la porte. En d'autres termes : quand l'air est aussi humide que notre corps, notre corps a du mal à se refroidir.

Amélie : Waouh, j'hallucine Romain ! Tu es un vrai expert en transpiration !

Romain : Ha ha, très drôle ! C'est pour ça que beaucoup de gens disent qu'ils préfèrent la chaleur sèche à la chaleur humide. Comme quand je suis allé en Inde pour le mariage de mon ami Raj pendant la mousson : j'ai cru que j'allais fondre !

Amélie : Pour mesurer la température de l'air humide, on utilise la méthode du thermomètre mouillé : On place tout simplement un chiffon humide sur la partie basse d'un thermomètre et voilà !

Philippe : C'est tout ?

Amélie : Eh oui ! Quand la température du thermomètre mouillé atteint 32 °C, sortir devient dangereux. D'après les scientifiques, cela se produit au moins 3 à 5 jours en été dans des endroits comme le nord de l'Inde, l'Amérique centrale et l'Amérique du Sud.

Philippe : Donc les gens peuvent mourir s'ils vont dehors ?

Amélie : Malheureusement, oui, ça peut arriver.

Romain : Bon ben, notre canicule n'est pas si terrible que ça, finalement…

Philippe : Ce n'est rien en comparaison avec d'autres endroits, c'est sûr…

Faits essentiels :

- *L'humidité correspond à la quantité d'eau présente dans l'air.*
- *L'air humide est plus dangereux que l'air sec, car il devient plus difficile de faire baisser notre température corporelle grâce à la transpiration.*
- *À cause du réchauffement planétaire, certains endroits sur Terre deviendront trop chauds pour pouvoir sortir à l'extérieur. Des températures trop élevées pourraient causer des problèmes de santé graves ou même la mort.*

Vocabulaire

soudain suddenly
refroidir to cool down
(la) vapeur steam
collant sticky
trempé soaked
(la) sueur/ (la) transpiration sweat
(la) température de thermomètre mouillé wet-bulb temperature
entourer to be around
halluciner to be impressed, to be amazed
(la) mousson monsoon
fondre to melt
(un) chiffon cloth
malheureusement unfortunately

Bibliographie

Chen, X., Li, N., Liu, J., Zhang, Z., et Liu, Y. (2019). Global heat wave hazard considering humidity effects during the 21st century. *International journal of environmental research and public health*, *16*(9), 1513. https://doi.org/10.3390/ijerph16091513

Krajick, K. (22 décembre 2017). *Humidity may prove breaking point for some areas as temperatures rise, says study*. Columbia University Earth Institute. https://blogs.ei.columbia.edu/2017/12/22/humidity-may-prove-breaking-point-for-some- areas-as-temperatures-rise-says-study/.

National Geography Society (NGS). (s.f.). Humidity. In *National Geographic Resource Library*. Récupéré le 29 mars 2020 sur https://www.nationalgeographic.org/encyclopedia/koppen-climate-classification-system/

Newth, D. et Gunasekera, D. (2018). Projected changes in wet-bulb globe temperature under alternative climate scenarios. *Atmosphere*, *9*(5), 187. https://doi.org/10.3390/atmos9050187.

Science Buddies et Lohner, S. (14 septembre 2017). *Chilling science: evaporative cooling with liquids*. Scientific American. https:// www.scientificamerican.com/article/chilling-science-evaporative-cooling-with-liquids/.

CHAPITRE 8 : IL PLEUT, IL MOUILLE : PLUIE, VENT ET NUAGES

Amélie, Philippe et Romain continuent de discuter. Dehors, la pluie tombe de plus en plus fort.

Romain : On a de la chance, il ne fait jamais aussi chaud à Paris qu'en Inde… Mais il pleut quand même un peu trop à mon goût.

Philippe : Ah, la pluie. Est-ce que l'un d'entre vous se souvient de ce qu'on a appris à l'école sur le cycle de l'eau ?

Amélie et Romain : Bien sûr !

Amélie : Allez, Philippe. Montre-nous ce que tu sais !

Philippe : Ok ! Alors si je me souviens bien : l'air absorbe l'eau de l'océan comme un aspirateur. Cette eau forme les nuages.

Amélie et Romain : Oui.

Philippe : Plus l'air absorbe d'eau, plus les nuages sont gros et lourds. Lorsque les nuages sont saturés d'eau, cette dernière tombe sur le sol sous forme de pluie qui remplit nos lacs, nos rivières et nos océans. Elle pénètre aussi dans le sol et maintient son taux d'humidité. Et le cycle se répète sans fin.

Romain : Waouh Philippe ! Tu pourrais être instituteur dans une école primaire.

Amélie : Mon amie Marion est maîtresse en primaire, si tu veux changer de carrière, je peux te mettre en contact !

Philippe : Ha ha, très drôle !

Romain : À l'école, on nous a appris pas mal de choses sur le vent, parce que je viens de la Côte d'Azur en Provence et qu'il y a beaucoup de vent là-bas, surtout celui qu'on appelle le mistral.

Amélie : Et qu'est-ce que le vent exactement, Romain ?

Romain : Le vent se crée lorsque l'air se déplace des endroits où la pression est élevée vers les endroits où la pression est faible. C'est ce qui se passe quand on dégonfle un pneu.

Philippe : C'est aussi ce qui se passe quand je m'affale sur mon canapé… à moins que mon chien Idéfix n'ait déjà pris toute la place !

Amélie : Ha ha ! C'est bien illustré ! L'air aime prendre de la place… Les vents de la Côte d'Azur sont-ils toujours les mêmes que quand tu étais petit, Romain ?

Romain : Oui, mais les pluies sont plus fortes et les inondations plus fréquentes qu'avant. Les scientifiques pensent que c'est dû au changement climatique.

Amélie : En parlant de pluie, un fait intéressant : vous saviez que les nuages contribuaient aussi à refroidir et à réchauffer notre planète ?

Philippe : Ah bon ? Non, je ne savais pas.

Amélie : Oui, les nuages peuvent bloquer la chaleur du soleil, mais ils l'absorbent aussi, comme un gaz à effet de serre.

Romain : Eh bien, c'était une sacrée conversation sur le climat et la météo ! Regardez, il s'est arrêté de pleuvoir… Ça vous dit de faire une pause et d'aller boire un coup ?

Amélie et Philippe : Très bonne idée !

Faits essentiels :

- *Le cycle de l'eau est le mouvement de l'eau des océans vers le sol et inversement, qui forme les nuages et la pluie.*
- *Le vent se crée lorsque l'air se déplace d'un endroit de l'atmosphère à haute pression (c'est-à-dire avec beaucoup d'air) vers un endroit à basse pression (avec moins d'air).*

Vocabulaire

avoir de la chance to be lucky
(un) aspirateur vacuum cleaner
(un) instituteur teacher in primary school
mettre en contact to connect, to link
(un) pneu tyre
s'affaler to sprawl, slouch
prendre toute la place to take up all the room
ah bon is that so, really
remplir to fill
(le) mistral the name of the South wind in Provence
boire un coup have a drink

Bibliographie

ADEME (Agence de la Transition Écologique). Septembre 2020. Clés pour agir. *S'adapter au changement climatique. https://librairie. ademe.fr/cadic/3710/guide-pratique-adapter-changement-climatique. pdf?modal=fals*

Lemonick, M. (30 août 2010). *The effect of clouds on climate: A key mystery for researchers.* Yale Environment 360. https://e360.yale. edu/features/the_effect_of_clouds_on_climate_a_key_mystery_for_researchers.

Ministère de la Transition écologique (30 mars 2020). *Impacts du changement climatique : Atmosphère, Températures et Précipitations.* https://www.ecologie.gouv.fr/impacts-du-changement-climatique-atmosphere-temperatures-et-precipitations

NASA. (s.f.). *How do clouds affect Earth's climate?* Climate Kids. https://climatekids.nasa.gov/cloud-climate/.

NASA. (s.f.) *The Water Cycle.* Precipitation Education. https://pmm.nasa.gov/education/water-cycle.

Weiss, C. (18 juillet 2005). Where does wind come from? Scientific American. https://www.scientificamerican.com/article/where-does-wind-come-from/.

TROISIÈME PARTIE : ANIMAUX ET CHANGEMENT CLIMATIQUE

Une semaine plus tard, Marion se trouve dans sa classe de CP. Il est 8h du matin. Elle est en train d'observer le hamster de la classe dans sa cage, en compagnie de deux de ses élèves : Emma, 7 ans, et Omar, 8 ans. Le hamster s'appelle Flocon.

CHAPITRE 9 : COMMENT LE CHANGEMENT CLIMATIQUE AFFECTE-T-IL LES ANIMAUX ?

Omar : Maîtresse ! Je ne trouve pas Flocon. Il n'est ni sur sa roue ni en train de manger.

Marion : Je suis sûre qu'il est dans son petit château en plastique. Il a dû y aller pour se rafraîchir, car il fait très chaud aujourd'hui.

Emma : Je veux qu'il vienne jouer avec nous !

Marion : Je sais, Emma ! Mais il a raison de faire ça. Quand il fait chaud, nous devrions tous nous mettre à l'ombre !

Omar : Et s'il fait trop chaud, est-ce que Flocon pourrait tomber malade ?

Marion : Non, ne t'inquiète pas, Omar. Flocon ne tombera pas malade ici à l'école.

Emma : Et les animaux qui n'ont pas de châteaux en plastique, comme les lions et les ours du zoo ? Est-ce qu'ils vont bien quand il fait chaud dehors ?

Marion : Oui, Emma, ils vont bien. Les soigneurs du zoo leur ont préparé des endroits à l'ombre pour quand il fait trop chaud. Ils leur donnent aussi beaucoup d'eau à boire. Ils leur donnent parfois même un bain frais.

Emma : Ah, d'accord ! Moi aussi je donne un bain à mon chien de temps en temps.

Marion : C'est bien !

Omar : Et les animaux qui ne vivent pas dans le zoo ? Ils font comment, eux ?

Marion : Bonne question, Omar. En fait, beaucoup d'animaux ont du mal à supporter la chaleur. Près de la moitié des mammifères, c'est-à-dire les animaux qui ont une peau et des poils comme nous, souffrent à cause du changement climatique.

Omar : Oh non !

Marion : Nous, on a aménagé un château pour que Flocon puisse se rafraîchir, et on lui donne régulièrement de l'eau. Mais les animaux dans la nature n'ont personne pour s'occuper d'eux, ils ne savent donc pas forcément quoi faire s'il fait trop chaud.

Omar : Maîtresse, on pourrait apprendre plus de choses sur les animaux sauvages ?

Marion : Bien sûr, Omar !

Faits essentiels :

- *Le changement climatique affecte aussi les animaux car il modifie le climat de leurs habitats naturels, qui deviennent le plus souvent trop chauds ou trop secs..*

Vocabulaire

(le) Cours Préparatoire [CP] first grade
tomber malade to get sick
(un) soigneur keeper
donner un bain to bathe
souffrir to suffer, to endure
(un) mammifère mammal

Bibliographie

Hance, J. (5 avril 2017). Climate change impacting 'most' species on Earth, even down to their genomes. *The Guardian*. https://www.theguardian.com/environment/radical-conservation/2017/apr/05/climate-change-life-wildlife-animals-biodiversity-ecosystems-genetics

Pacifici, M., Visconti, P., Butchart, S. H. M., Watson, J. E. M., Cassola F. M., et Rondini, C. (2017). Species' traits influenced their response to recent climate change. *Nature Climate Change*, 7, 205–208. https://doi.org/10.1038/nclimate3223.

Scheffers, B. R., De Meester, L., Bridge, T. C. L., Hoffman, A. A., Pandolfi, J. M., Corlett, R. T., Butchart, S. H. M., Pearce-Kelly, P., Kovacs, K. M., Dugeon, D., Pacifici, M. Rondinini, C., Foden, W. B., Martin, T. G., Mora, C., Bickford, D., Watson, J. E. M. (2016). The broad footprint of climate change from genes to biomes to people. *Science*, *354* (6313), aaf7671. https://doi.org/10.1126/ science.aaf7671.

CHAPITRE 10 : DANS LA JUNGLE : LES FORÊTS TROPICALES HUMIDES

Il est 8h10 du matin. Marion prend des livres sur son bureau et les apporte à Emma et Omar. Ils installent les tables de façon à former un cercle. Ils s'assoient, et Marion prend le premier livre de la pile pour le montrer à Emma et Omar.

Marion : Commençons par les jungles. Vous saviez qu'environ la moitié de tous les animaux et plantes de la planète vivent dans la jungle ?

Emma et Omar : Waouh !

Omar : Comme les tigres ?

Emma : Et les singes ?

Marion : Oui ! Et les oiseaux et les insectes aussi.

Emma : C'est quoi une jungle, maîtresse ? Une forêt où il pleut beaucoup ?

Marion : C'est ça, Emma ! Il pleut beaucoup dans les forêts, car les arbres ont besoin d'eau pour pousser. Mais dans les jungles, il pleut beaucoup plus que dans une forêt ordinaire : plus de 800 mm par an !

Omar : Waouh, c'est beaucoup plus de pluie que ce qui tombe dans les forêts ici.

Marion : Exactement, Omar. Dans les jungles, il fait plus chaud et plus humide que dans les forêts que nous avons en France. Elles se situent dans des endroits plus chauds, comme l'Amérique centrale et l'Amérique du Sud, l'Afrique centrale et l'Asie du Sud-Est. Voici une carte de toutes les jungles du monde !

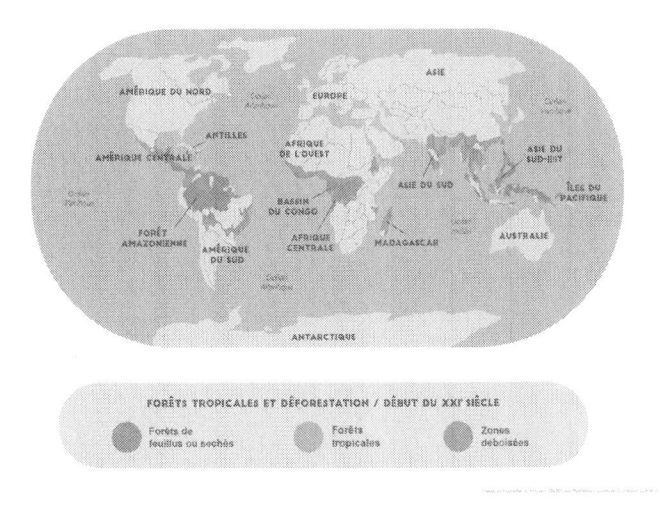

Image créée par Jeffie Jasmine pour Olly Richards Publishing, données de l'Encyclopaedia Britannica.

Emma : Il n'y a pas de jungle ici à Orléans ! Mais c'est quoi la couleur orange ? C'est quoi une… « zone déboisée » ?

Marion : Essaie d'analyser le mot, Emma. Je suis sûre que tu peux arriver à le comprendre !

Emma : Je sais ce qu'est une « zone boisée » : c'est un bois.

Marion : Exactement ! Et la première partie du mot, le « dé- »… ?

Emma : Ben… Le vétérinaire vient d'enlever les griffes des pattes de notre chat. Maman a dit que le vétérinaire a « dégriffé » Félix. Donc, une zone « déboisée » est un endroit où on a enlevé la forêt ?

Marion : Parfait, Emma ! C'est ça.

Omar : Mais maîtresse, pourquoi on fait disparaître les jungles ?

Marion : Parfois, Omar, cela arrive naturellement, comme quand il y a des incendies ou des inondations. D'autres fois, ce sont les humains qui coupent les arbres des jungles.

Omar : Pourquoi ?

Marion : Pour plein de raisons ! Par exemple, pour faire de la place pour l'agriculture, pour avoir du bois pour chauffer leurs maisons, ou pour utiliser d'autres produits qu'on extrait des arbres, comme les huiles… .

Omar : Il arrive quoi aux animaux quand on fait ça ?

Marion : Ils peuvent perdre leurs habitats ou ne plus avoir assez de nourriture.

Emma et Omar : Oh, non !

Marion : Mais la disparition des forêts tropicales est un problème pour le monde entier.

Emma et Omar : Pourquoi ?

Marion : Vous vous souvenez que la semaine dernière nous avons parlé d'un gaz appelé le dioxyde de carbone ?

Omar : Oui ! Le dioxyde de carbone est un gaz qui ne renvoie pas la chaleur du soleil dans l'espace.

Marion : Exactement ! Le dioxyde de carbone maintient la chaleur de la Terre et nous permet d'y vivre. Mais s'il y en a trop, il commence à faire trop chaud sur Terre.

Omar : Et les arbres dans tout ça ?

Marion : Les arbres absorbent le dioxyde de carbone de l'air et le stockent dans leurs troncs et leurs feuilles. Lorsque nous coupons les arbres, le dioxyde de carbone qu'ils contiennent est relâché dans l'air.

Emma : Donc même les endroits qui n'ont pas d'arbres ont besoin d'arbres !

Marion : C'est ça, Emma ! Des endroits comme les déserts... Et si on étudiait les animaux du désert ?

Emma et Omar : D'accord !

Faits essentiels :

- *Nos forêts tropicales abritent près de la moitié des animaux et des plantes de la planète et nous protègent du réchauffement planétaire.*
- *Les animaux et les plantes des jungles perdent leur habitat et leurs sources de nourriture lorsque nous abattons des arbres.*
- *Détruire les jungles accentue également le réchauffement planétaire.*

Vocabulaire

enlever to remove
(un) oiseau bird
essayer de try to do something
dégriffer to remove an animal's nails
(une) inondation flood
même even

Bibliographie

Bradford, A. (28 juillet 2018). *Facts about rainforests*. Live Science. https://www.livescience.com/63196-rainforest-facts.html.

The Editors of the Encyclopaedia Britannica. (s.f.). Rainforest. En *Encyclopaedia Britannica*. Récupéré le 5 avril 2020 sur https://www.britannica.com/science/rainforest.

—. Tropical forests and deforestation in the early 21st century. [Infographie.] En *Encyclopaedia Britannica*. Récupéré le 5 avril 2020 sur https://www.britannica.com/science/rainforest#/media/1/939108/19260.

Scheer, R. et Moss, D. (13 novembre 2012). *Deforestation and its extreme effect on global warming*. Scientific American. https://www.scientificamerican.com/article/deforestation-and-global-warming/.

Sen Nag, O. (16 décembre 2019). *What Animals Live In The Tropical Rainforest*. World Atlas. https://www.worldatlas.com/ articles/tropical-rainforest-animals.html.

University College London. (5 décembre 2005). *Why The Amazon Rainforest Is So Rich In Species*. ScienceDaily. www.sciencedaily.com/releases/2005/12/051205163236.htm.

World Wildlife Federation (WWF). (17 janvier 2020). *8 things to know about palm oil*. https://www.wwf.org.uk/updates/8-things- know-about-palm-oil.

Yale School of Forestry and Environmental Studies. (s.f.). *Climate change and tropical forests*. Global Forest Atlas. https://globalforestatlas.yale.edu/climate-change/climate-change-and-tropical-forests.

CHAPITRE 11 : LES DÉSERTS SECS

Marion prend un autre livre qui parle des déserts. Il est maintenant 8h15 du matin.

Marion : Voici une carte qui montre tous les déserts de la planète :

1. Desert du Grand Bassin
2. Desert de Sechura
3. Desert d'Atacama
4. Desert de Patagonie
5. Desert du Sahara
6. Desert d'Arabie
7. Desert du Turkestan
8. Grand Desert Indien
9. Desert de Gobi
10. Desert du Kalahari

Image créée par Jeffie Jasmine pour Olly Richards Publishing, données de LEO EnviroSci Inquiry.,

Emma et Omar : Génial !

Omar : Vous voyez ce grand désert avec le chiffre 5 au nord de l'Afrique ? C'est le Sahara ! Ma mère et mon père vivaient là-bas, au Mali, avant de venir ici. J'ai encore beaucoup de famille là-bas.

Emma : Waouh, il est énorme.

Marion : C'est le plus grand désert du monde, Emma, il fait presque 5 000 km de long !

Emma et Omar : Waouh !

Emma : Tes parents ont-ils vu des chameaux dans le désert, Omar ?

Omar : Oui ! Mes parents avaient l'habitude d'aller partout en chameau. Mais il y a aussi plein d'autres animaux qui vivent dans le désert : des oiseaux, des insectes, des tortues et des lézards.

Marion : Vous vous souvenez de ce que nous avons appris la semaine dernière sur les tortues et les lézards ? Ce sont des animaux à sang froid. Vous vous souvenez de ce que ça veut dire ?

Omar : Oui ! Les animaux à sang froid sont aussi chauds ou aussi froids que l'air qui les entoure. Ils ne peuvent pas réchauffer leur corps comme nous.

Marion : Très bien ! S'il fait très chaud ou très froid dans le désert où ils vivent, les animaux ont la même température.

Emma : Des animaux comme Toto ?

Marion : Toto ?

Omar : Toto, c'est la tortue qui vit dans la classe de maître Damien, notre maître de l'année dernière.

Marion : Oh, c'est vrai ! Les tortues vivent normalement dans des endroits humides. Mais les plus grosses, les tortues terrestres, vivent dans le désert. Comme vous imaginez, elles n'ont pas peur de la chaleur!

Omar : Mais il fait trop chaud dans les déserts! Elles aiment ça?

Marion : En général oui, mais un changement de seulement 1 ou 2 °C peut faire une grande différence pour elles, car il peut y avoir moins de pluie. L'eau est déjà rare dans les déserts. Avec quelques degrés en plus, trouver de l'eau peut devenir très compliqué.

Omar : Et tous les animaux ont besoin d'eau pour vivre, hein, maîtresse?

Marion : Tout à fait! Tous les êtres vivants ont besoin d'eau pour vivre.

Emma : Heureusement que Toto vit avec maître Damien et pas dans le désert! On lui donnait de l'eau tous les jours, il avait toujours beaucoup d'eau à boire!

Marion : C'est tant mieux, Emma!

Faits essentiels :

- *A cause du changement climatique, les déserts deviennent plus chauds et les pluies plus rares, ce qui rend plus difficile la survie des animaux qui y habitent.*

Vocabulaire

(une) tortue turtle

(un) lézard lizard
énorme huge
réchauffer to warm up
avoir peur to be afraid

Bibliographie

Gritzner, J. A. et Peel, R. F. (26 novembre 2019). Sahara. En *Encyclopaedia Britannica*. https://www.britannica.com/place/Sahara-desert-Africa.

Infrared Processing and Analysis Center (IPAC). *Warm and Cold-Blooded*. http://coolcosmos.ipac.caltech.edu/image_galleries/ir_zoo/coldwarm.html.

Lovich, J. E., Yackulic, C. B., Freilich, J., Agha, M., Austin, M., Meyer, K. P., Arundel, T. R., Hansen, J., Vamstad, M. S., et Root, S. A. (2014). Climatic variation and tortoise survival: Has a desert species met its match? *Biological Conservation, 169*, 214-24. https://doi.org/10.1016/j.biocon.2013.09.027.

McDermott, A. (23 mai 2016). *Climate change may be as hard on lizards as on polar bears*. The Atlantic. https://www.theatlantic.com/ science/archive/2016/05/climate-change-deserts/483896/.

Scholastic, Inc. (s.f.). [Carte des déserts du monde]. Récupéré le 8 avril 2020 sur https://ei.lehigh.edu/envirosci/weather/ bitsofbiomes/deserts.htm.

Vale, C. G. et Brito, J. C. (2015). Desert-adapted species are vulnerable to climate change: Insights from the warmest region on Earth. *Global Ecology and Conservation, 4*, 369-79. https://doi.org/10.1016/j.gecco.2015.07.012.

CHAPITRE 12 : COMME UN POISSON DANS L'EAU : LE CHANGEMENT CLIMATIQUE ET NOS OCÉANS

Omar ouvre un autre livre et regarde les images. Il est 8h20 du matin.

Marion : Omar, peux-tu nous lire le titre de ce livre à haute voix, s'il te plaît ?

Omar : Oui… *Tous mouillés : les animaux de l'océan*. Ha ha, le titre est marrant !

Marion : Ha ha, c'est vrai, Omar ! Mais c'est un bon sujet. On vient de parler des déserts, alors parlons de la mer, maintenant.

Emma : Mon grand-père va à la mer tous les jours ! Il est pêcheur et il vit en Bretagne pendant la saison de pêche. Il attrape des morues pour les vendre au marché.

Omar : Mmmmmmh ! J'adore les acras de morue.

Emma : Moi aussi ! Mais papi a dit à maman que cette année, il avait pêché moins de poissons qu'avant. Il a dit que c'était à cause du temps, qu'il faisait plus chaud que d'habitude.

Marion : Malheureusement, ton grand-père a tout à fait raison, Emma ! La morue et les autres gros poissons sont des poissons d'eau froide. Mais la température de l'eau de mer cette année était probablement plus élevée que d'habitude…

Omar : Maîtresse, comment se réchauffent les océans ?

Marion : C'est dû au dioxyde de carbone.

Omar : Le dioxyde de carbone de l'air ?

Marion : Oui ! Les océans absorbent le dioxyde de carbone de l'air. Au cours des deux derniers siècles, les océans ont absorbé près de 530 millions de tonnes de dioxyde de carbone !

Emma et Omar : Waouh !

Marion : Le dioxyde de carbone piège la chaleur dans l'océan, comme il le fait dans l'air.

Emma : C'est tout ?

Marion : Non, ce gaz rend aussi l'océan plus acide. C'est comme si quelqu'un versait du vinaigre dans l'eau avant de la boire.

Emma et Omar : Beurk !

Omar : Et qu'est-ce qu'il arrive aux poissons quand l'eau devient acide, maîtresse ?

Marion : Eh bien, l'acide ronge les os et les coquilles, de la même façon que trop de jus de citron ou de vinaigre pourrait abîmer nos dents. Par conséquent, les coquilles d'animaux comme les huîtres ou les moules sont endommagées. En plus, quand l'eau est trop acide, les sens de certains poissons sont affaiblis. Les poissons-clowns par exemple peuvent être désorientés et avoir du mal à rentrer chez eux, ce qui les met en danger. Vous vous souvenez du film *Le Monde de Nemo*? Nemo est un poisson-clown.

Emma : Ah oui ! Nemo se perd et son père doit le retrouver !

Marion : C'est ça, Emma ! Nemo s'est perdu parce qu'un humain l'a sorti de l'océan, mais d'autres poissons-clowns se perdent parce qu'il fait trop chaud dans l'eau.

Emma : Pauvre Nemo !

Faits essentiels :

- *Les océans absorbent du dioxyde de carbone, ce qui réchauffe l'eau et la rend plus acide.*
- *Les poissons peuvent perdre leur capacité à sentir le danger et à retrouver leur foyer, tandis que les coquillages qui abritent des animaux tels que les huîtres et les moules peuvent devenir fragiles et blesser les animaux.*

Vocabulaire

à haute voix aloud
(un) papi grand-dad
(une) coquille shell
(une) huître oyster
(une) moule mussel
(la) capacité ability

Bibliographie

Fischetti, M. (27 septembre 2012). *Ocean acidification can mess with a fish's mind*. Scientific American. https://www.scientificamerican.com/article/ocean-acidification-can-m/.

France 3 Hauts-de-France (France info). (Publié le 27 mai 2020, mis à jour le 12 juin 2020). Paul-Antoine Leclerq. Un chercheur de l'Université Jules Verne Picardie à la tête d'une étude sur les migrations d'animaux. https://france3-regions.francetvinfo.fr/hauts-de-france/somme/amiens/chercheur-universite-jules-verne-picardie-tete-etude-migrations-animaux-1834236.html.

NOAA. (s.f.). *Ocean acidification*. https://www.noaa.gov/education/resource-collections/ocean-coasts-education-resources/ocean-acidification.

The Ocean Portal Team. (s.f.). *Ocean acidification*. The Smithsonian. https://ocean.si.edu/ocean-life/invertebrates/ocean-acidification.

Yong, E. (2 février 2009). *Losing Nemo: acid oceans prevent baby clownfish from finding home*. National Geographic. https://www.nationalgeographic.com/science/phenomena/2009/02/02/losing-nemo-acid-oceans-prevent-baby-clownfish-from-finding-home/.

CHAPITRE 13 : TOUS CONNECTÉS : LA CHAÎNE ALIMENTAIRE

Marion feuillette les pages du livre "Tous mouillés : les animaux de l'océan". Elle est en train de chercher une image en particulier.

Marion : Il est huit heures vingt-cinq, il reste cinq minutes avant la fin de la classe ! Il y a un autre point dont j'aimerais vous parler avant de passer à autre chose.

Emma : Je reconnais ce dessin ! Maître Damien nous l'a montré l'année dernière. C'était la classe sur la chaîne alimentaire.

Omar : Je m'en souviens aussi ! La chaîne alimentaire, c'est en gros les animaux et les plantes qui se mangent les uns les autres. Ça s'appelle une chaîne parce que chaque animal et plante est un chaînon. Ils sont tous liés !

Marion : Exactement, Omar ! Voici une image d'une chaîne alimentaire dans nos océans.

Emma : C'est quoi ces petits trucs moches ?

Marion : Ha ha ha, oui, ils sont bizarres ! Ce sont des êtres vivants minuscules, des bactéries. On ne peut pas les voir, mais il y en a beaucoup dans l'eau.

Emma : Ils sont aussi petits que les granulés qu'on donne aux poissons de l'aquarium du secrétariat pour les nourrir ?

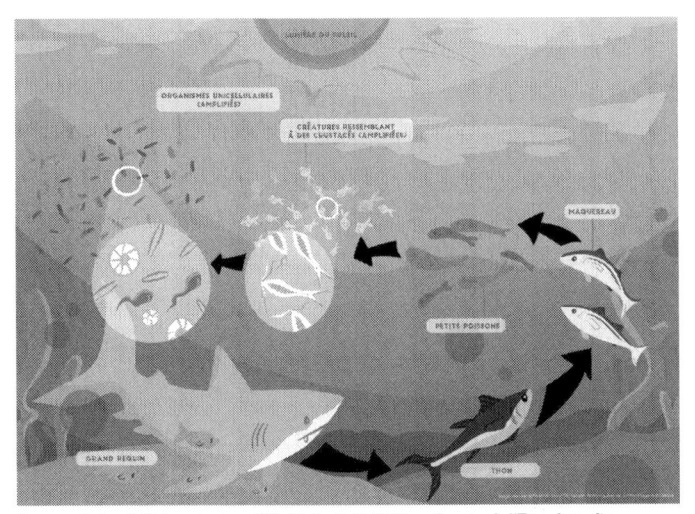

Image créée par Jeffie Jasmine pour Olly Richards Publishing, données de l'Encyclopaedia Britannica.

Marion : Ils sont même plus petits que ça.

Omar : Je pensais que les humains se trouvaient au sommet de la chaîne alimentaire.

Marion : Ils se trouvent bien au sommet quand on prend en considération toutes les chaînes alimentaires de la planète, effectivement. Mais on peut aussi modéliser des chaînes alimentaires plus petites. Par exemple, est-ce que tu saurais quel animal se trouve au sommet de la chaîne alimentaire des plaines d'Afrique ?

Omar : Le lion !

Marion : Exactement !

Emma : Maîtresse, c'est vrai que la chaîne peut se casser ?

Marion : Oui, Emma, bien sûr. Si on enlève une plante ou un animal, la chaîne alimentaire se casse.

Emma : Et pourquoi, maîtresse ?

Marion : Très bonne question, Emma. Regarde l'image : tu vois le maquereau ici ? Qu'est-ce qui se passerait si les pêcheurs pêchaient tous les maquereaux de la mer ?

Emma : Eh bien, le thon n'aurait plus rien à manger et il mourrait. Ou bien, il irait ailleurs.

Omar : Mais alors les requins n'auraient rien à manger !

Marion : Bien vu !

Omar : Ça sonne !

Marion : C'est l'heure des mathématiques ! Emma, Omar, très bon travail !

Emma et Omar : Merci, maîtresse !

Faits essentiels :

- *Quand des animaux ou des plantes meurent ou migrent en raison du changement climatique, les grands animaux perdent leur principale source de nourriture.*
- *À cause de cela, la population des grands animaux diminue ou disparaît complètement.*

Vocabulaire

feuilleter un livre look through or flick through a book
en gros roughly
(un) truc a thing (informal)
moche ugly
lié linked
nourrir to feed
(une) plaine flatland
(un) secrétariat *here:* administration office (in a school)
(un) maquereau mackerel
(un) thon tuna
(le) sommet the top
ça sonne it rings (school bell)
migrer migrate

Bibliographie

Cardinale, B. J., Duffy, J. E., Gonzalez, A., Hooper D. U., Perrings, C., Venail, P., Narwani, Al, Mace, G. M., Tilman, D. Wardle, D. A., Kinzig, A. P., Daily, G. C., Loreau, M., Grace, J. B., Larigauderie, A., Srivastava, D. S., et Naeem, S. (2012). Biodiversity loss and its impact on humanity. *Nature,486*,59–67. https://doi.org/10.1038/nature11148.

Encyclopaedia Britannica. (s.f.). *Diatoms and other phytoplankton form the foundations of ocean food chains. Shrimplike krill consume the phytoplankton, and small fishes eat the krill. At the top of the food chain, dining on these smaller fishes, are larger, predatory fishes*. [Infographie]. En *Encyclopaedia Britannica*. Récupéré le 11 avril 2020 sur https://www.britannica.com/science/food-chain.

Encyclopaedia Britannica. (s.f.). Food chain. En *Encyclopaedia Britannica*. Récupéré le 11 avril 2020 sur https://www. britannica.com/science/food-chain.

Shaw, A. (s.f.). *The lion king and other myths*. BBC Earth. https://www.bbcearth.com/blog/%3Farticle%3Dking-of-the-jungle-and-other-lion-myths/.

CHAPITRE 14 : QUE PEUT-ON FAIRE POUR AIDER ?

La journée d'école est terminée. Marion se prépare à rentrer chez elle. Emma et Omar s'approchent de son bureau.

Omar : Maîtresse, on voudrait demander quelque chose…

Marion : Bien sûr, Omar ! Tu peux toujours me demander ce que tu veux.

Omar : Emma et moi, on a réfléchi à notre conversation de ce matin.

Emma : Sur les animaux des jungles et des océans.

Omar : Et des déserts !

Emma : Oui, et des déserts. Maîtresse, on s'inquiète pour tous ces animaux ! Comment est-ce qu'on peut éviter de leur faire du mal ?

Marion : Très bonne question ! Pendant la récréation, j'ai fait quelques recherches sur Internet. Il existe de nombreuses façons d'aider les animaux.

Omar et Emma : Quoi par exemple !?

Marion : Le plus important, c'est de protéger les zones où ils habitent. Tu te souviens de ce que nous avons appris sur les jungles ce matin, Emma ?

Emma : Oui ! Les gens déboisent les forêts.

Marion : Tout à fait, Emma ! Certaines personnes coupent les arbres de la jungle, mais d'autres essaient de les protéger. Des organisations comme Rainforest Alliance et Rainforest Trust montrent aux agriculteurs comment cultiver leurs plantes sans déforester.

Emma : Waouh !

Omar : Mais comment on peut les aider, maîtresse ? On ne va quand même pas aller dans la jungle, non ?

Marion : Non, on ne va pas y aller, Omar ! Mais on peut faire des dons à ces organisations pour qu'elles continuent à faire leur travail.

Emma et Omar : On pourrait organiser une kermesse à l'école pour vendre des gâteaux et récolter de l'argent pour les dons !

Marion : Quelle bonne idée !

Omar : Et est-ce qu'il y a quelque chose qu'on pourrait faire pour aider les animaux des déserts et les poissons des océans ?

Marion : Ne t'inquiète pas Omar, je ne les ai pas oubliés ! Le WWF protège les animaux du monde entier. Et Emma, quand ton grand-père vient à Orléans, il pourrait venir nous expliquer comment protéger les océans et les poissons qui y vivent.

Emma : Cool ! Je lui demanderai.

Omar : J'ai une autre idée pour protéger les animaux : je vais dire à ma mère de ne mettre que de la sauce tomate dans les pâtes ! Pas de viande !... Ah, je crois que j'entends le bus scolaire !

Marion : Très bonne idée ! À demain, les enfants !

Emma et Omar : Au revoir, maîtresse !

Faits essentiels :

- *Nous pouvons protéger les animaux des effets du changement climatique en collectant des fonds pour des organisations qui protègent les endroits où ils vivent.*
- *Nous pouvons aussi manger moins souvent de la viande et du poisson et faire attention à la provenance de ces produits.*

Vocabulaire

rentrer to go back home
faire des recherches to do research, to investigate
(la) récréation school break
faire des dons to donate
(une) kermesse a school fair
collecter des fonds to raise money
faire attention to pay attention

Bibliographie

Benson, M. H. (septembre 2011). 5 simple things you can do for the ocean. Smithsonian Ocean. https://ocean.si.edu/conservation/climate-change/5-simple-things-you-can-do-ocean.

Marine Conservation Society. (s.f.). Good fish guide: your guide to sustainable seafood. https://www.mcsuk.org/goodfishguide/search.

Rainforest Alliance. (s.f.). https://www.rainforest-alliance.org.
Rainforest Trust. (s.f.). https://www.rainforesttrust.org.

World Wildlife Fund (WWF). (s.f.). Habitats : deserts. https://www.worldwildlife.org/habitats/deserts.

QUATRIÈME PARTIE : LES ALIMENTS

Thibault est dans son cabinet médical. Il a rendez-vous avec Valérie et Yoko, deux de ses patientes. Valérie et Yoko sont en couple.

CHAPITRE 15 : NOUS SOMMES CE QUE NOUS MANGEONS

Thibault : Bonjour ! Content de vous revoir.

Valérie et Yoko : Bonjour docteur !

Thibault : Alors je vois que l'infirmière a déjà pris votre tension artérielle. Yoko, la vôtre est parfaite : 100/70 !

Yoko : Super !

Thibault : Mais, Valérie, la vôtre est un peu élevée, 140/90.

Yoko : C'est toute cette viande rouge que tu manges, chérie !

Valérie : Je sais, je sais !

Thibault : À quelle fréquence mangez-vous de la viande rouge, Valérie ?

Valérie : Environ trois ou quatre fois par semaine. Je sais que je ne devrais pas en manger autant, mais j'adore le steak !

Yoko : Mais c'est cher pourtant ! Et trop en manger n'est pas bon pour la santé… Dites-le-lui, docteur, moi elle ne m'écoute pas !

Thibault : Et vous Yoko, mangez-vous moins de viande rouge que Valérie ?

Yoko : Oui, beaucoup moins. Je suis japonaise, et nous mangeons beaucoup plus de riz, de poisson et de légumes que de viande rouge. Mais les Français adorent la viande !

Thibault : C'est vrai, Yoko ! Valérie, je pense que vous devriez changer votre régime alimentaire. Trop de viande rouge peut provoquer des maladies cardiaques. Yoko et moi aimerions vous garder en bonne santé.

Valérie : Je sais, vous avez raison, mais c'est difficile. C'est tellement bon le steak !

Thibault : Vous pourriez commencer par remplacer un steak par semaine par du poulet ou du poisson par exemple.

Yoko : Bien sûr qu'elle peut, n'est-ce pas chérie ?

Valérie : D'accord… Je le ferai ce soir après notre réunion. Pour le dîner, je prendrai du merlu grillé au lieu d'un steak.

Thibault : Très bonne idée ! Vous avez une réunion ce soir ?

Valérie : La réunion de mon association écologique. Nous allons dans les écoles et parlons aux élèves des façons de protéger la planète.

Thibault : Oh ! J'apprends beaucoup de choses sur le changement climatique ces derniers temps. Saviez-vous que l'élevage des vaches produisait beaucoup plus de gaz à effet de serre que la culture des légumes ?

Valérie : Oh mon Dieu ! Je ne savais pas… Bon, je vais certainement commander du merlu ce soir !

Yoko : Docteur, vous connaissez le proverbe qui dit : "Le véritable chemin pour toucher le cœur d'un homme passe par son estomac"? Eh bien, on gagne le cœur de Valérie avec l'environnement !

Thibault et Valérie : Ha ha !

Faits essentiels :

- *Nos régimes alimentaires n'affectent pas seulement notre santé, mais aussi celle de la planète.*

Vocabulaire

(la) tension artérielle blood pressure
(la) viande rouge red meat
(la) réunion meeting
(le) merlu hake
(une) association group, organization
élevé high
gagner le coeur to win someone over
écologique environment-friendly
(un) repas meal

Bibliographie

Orlich, M. J., Singh, P. N., Sabaté, J., Jaceldo-Siegl, K., Fan, J., Knutsen, S., Beeson, W. L., et Fraser, G. E. (2013). Vegetarian dietary patterns and mortality in Adventist health study 2. *JAMA Internal Medicine,173*(13), 1230-38. https://doi.org/10.1001/jamainternmed.2013.6473.

Smith, C. (15 novembre 2014). *New research says plant-based diet best for planet and people*. Our World. https://ourworld.unu.edu/en/ new-research-says-plant-based-diet-best-for-planet-and-people.

Tilman, D. et Clark, M. (2014.) Global diets link environmental sustainability and human health. *Nature, 515*, 518-22. https://doi.org/10.1038/nature13959.

Waite, R., Searchinger, T., et Raganathan, J. (8 avril 2019). 6 pressing questionsabout beef and climate change, answered. World Resources Institute. https://www.wri.org/blog/2019/04/6-pressing- questions-about-beef-and-climate-change-answered.

CHAPITRE 16 : QUE PEUT-ON MANGER D'AUTRE SI ON NE MANGE PAS DE VIANDE ?

Valérie a encore quelques questions à poser à Thibault en matière de diététique, de santé, et d'environnement.

Valérie : Docteur Payet, puisque nous parlons de nutrition, les aliments sont bien composés de glucides, de lipides et de protéines, n'est-ce pas ?

Thibault : Tout à fait.

Valérie : Les glucides sont des sucres, et les fruits en contiennent.

Thibault : C'est vrai.

Yoko : Les noix et les poissons gras, comme le saumon, contiennent des graisses saines, n'est-ce pas, docteur ?

Thibault : Exactement !

Valérie : Les protéines, en revanche, proviennent principalement de la viande.

Thibault : En fait, les protéines se trouvent dans de nombreux aliments.

Valérie : Vraiment ?

Thibault : Bien sûr ! Le soja est un aliment riche en protéines par exemple : une demi-tasse de soja contient 9 grammes de protéines !

Valérie : Mais je croyais que le soja était mauvais pour l'environnement ? Je suis passée du lait de soja au lait d'amande pour cette raison.

Thibault : En fait, les scientifiques ont découvert que le lait de soja est bien meilleur pour la planète que le lait de vache, d'amande, de riz ou de coco.

Valérie : Ah bon ? Eh bien, quel soulagement ! Et le soja est bon pour la santé ? J'ai lu que ça pouvait provoquer des cancers du sein.

Thibault : Seulement si vous mangez des tonnes de tofu. Je vous suggère de n'inclure du tofu et du soja dans vos recettes de temps en temps. La production de produits à base de soja nécessite de déboiser beaucoup de forêts et consomme beaucoup d'eau. Ce n'est donc pas le meilleur choix pour l'environnement.

Yoko : Ah oui ? Je ne le savais pas ! Au Japon, on adore manger du soja.

Thibault : Les blancs d'œufs et les haricots contiennent également beaucoup de protéines. Le poulet, quant à lui, contient en fait plus de protéines par gramme que le bœuf.

Yoko : Tu vois que tu n'as donc pas besoin de ne manger que de la viande rouge pour avoir toutes les protéines qu'il te faut, Valérie !

Valérie : C'est bon à savoir, merci docteur !

Thibault : De rien, Valérie ! C'est mon travail de vous aider à faire de bons choix pour votre santé.

Valérie : Et ce sont aussi des choix sains pour l'environnement !

Thibault : En effet ! Vous pouvez prendre soin de votre santé tout en prenant soin de celle de la planète... Tenez, regardez cette illustration : Elle explique ce que doit contenir votre assiette à chaque repas

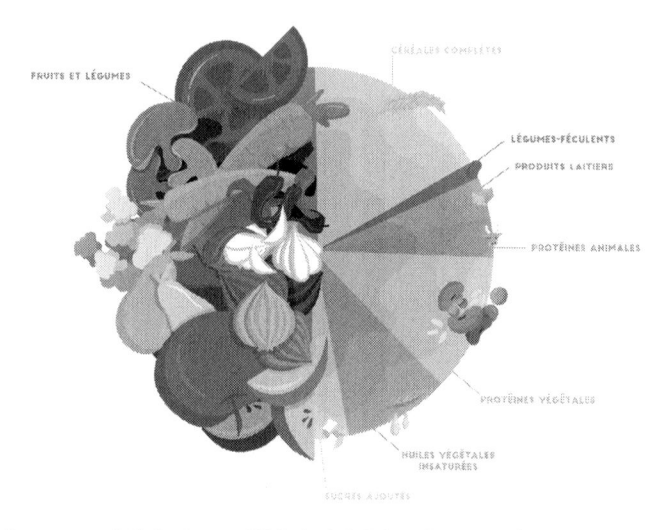

Image créée par Jeffie Jasmine pour Olly Richards Publishing, données de la Commission EAT-Lancet.

Yoko : D'accord, donc la moitié de l'assiette doit contenir des fruits et des légumes.

Valérie : Et seulement une petite portions de protéines animales... Ils ont même inclus des protéines végétales !

Thibault : Bien observé, Valérie !

Faits essentiels :

- *On n'a pas besoin de manger beaucoup de viande pour obtenir suffisamment de protéines.*
- *On peut même obtenir les protéines indispensables en mangeant seulement des aliments tels que les légumineuses et les œufs.*

Vocabulaire

(la) graisse fat
(les) noix nuts
sain healthy
provenir de to come from
passer à to adopt something, to change something for another thing
(l') amande almond
découvrir to discover
(le) cancer du sein breast cancer
grignoter to snack
(le) blanc d'œuf egg white
en fait actually

Bibliographie

Cleveland Clinic. (19 novembre 2019). *8 high-protein foods to reach for (dietician approved)*. https://health.clevelandclinic.org/8-high-protein-foods-to-reach-for-dietitian-approved/.

The EAT-*Lancet* Commission. (s.f.). A planetary health plate should consist by volume of approximately half a plate of vegetables and fruits; the other half, displayed by contribution to calories, should consist of primarily whole grains, plant protein sources, unsaturated plant oils, and (optionally) modest amounts of animal sources of protein [Infoggraphie]. En *Food planet health: healthy diets from sustainable food systems. Summary report of the EAT-Lancet Commission*. https://eatforum.org/ content/uploads/2019/07/EAT-Lancet_Commission_Summary_ Report.pdf.

Kim, T.-K., Yong, H. I., Kim, Y. B., Kim, H.-W., et Choi, Y.-S. (2019). Edible insects as a protein source : a review of public perception, processing technology, and research trends. *Food Science of Animal Resources*, *39*(4), 521-40. https://doi.org/10.5851/kosfa.2019.e53

Mayo Clinic. (1er février 2019). *Dietary fats: know which type to choose*. https://www.mayoclinic.org/healthy-lifestyle/nutrition-and-healthy-eating/in-depth/fat/art-20045550.

McGivney, A. (20 janvier 2020). Almonds are out. Dairy is a disaster. So what milk should we drink? *The Guardian*.https://www.theguardian.com/environment/2020/jan/28/what-plant-milk-should-i-drink-almond-killing-bees-aoe.

Pendick, D. (18 juin 2015). *How much protein do you need every day?* Harvard Health Blog. https://www.health.harvard.edu/blog/ how-much-protein-do-you-need-every-day-201506188096.

Poore, J. et Nemecek, T. (2018). Reducing food's environmental impacts through producers and consumers. *Science*, *360*(6392), 987-92. https://doi.org/10.1126/science.aaq0216.

Union of Concerned Scientists. (9 octobre 2015). *Soybeans*. https://www.ucsusa.org/resources/soybeans.

Wells, J. et Al-Ali, F. (14 février 2020). *How entrepreneurs are persuading Americans to eat bug protein*. CNBC. https://www.cnbc.com/2020/02/14/bug-protein-how-entrepreneurs-are-persuading-americans-to-eat-insects.html.

Zeratsky, K. (8 avril 2020). *Will eating soy increase my risk of breast cancer?* The Mayo Clinic. https://www.mayoclinic.org/healthy-lifestyle/nutrition-and-healthy-eating/expert-answers/soy-breast-cancer-risk/faq-20120377.

CHAPITRE 17 "VÉGÉTARIENS, VÉGÉTALIENS ET FLEXITARIENS : UN RÉGIME POUR TOUS LES GOÛTS !

Valérie continue de regarder l'illustration de l'assiette nutritionnelle.

Valérie : Cette image me fait penser à une expression que je lis beaucoup ces derniers temps dans les magazines : « Une alimentation à base de plantes ». Qu'est-ce que ça veut dire ?

Thibault : Très bonne question, Valérie ! Dans une alimentation à base de plantes, la plupart des aliments que vous consommez proviennent de plantes.

Yoko : Comme les fruits et les légumes ?

Thibault : Oui, les fruits et les légumes, mais aussi les fruits secs, les graines, les huiles, les céréales et les légumineuses.

Valérie : Comme les végétariens !

Thibault : Pas forcément. Les personnes qui ont une alimentation à base de plantes mangent parfois de la viande, mais très peu. Les végétariens, quant à eux, ne mangent pas de viande du tout.

Yoko : Je vois… L'assiette présentée sur l'illustration est donc celle d'un régime alimentaire à base de plantes.

Thibault : Exactement ! On n'est pas obligé d'éliminer complètement la viande de notre régime alimentaire pour prendre soin de notre santé et de la planète.

Yoko : On a un ami, Daniel, qui dit que nous devrions tous avoir un régime végétalien. C'est quoi exactement ?

Thibault : Les végétaliens ne mangent aucun produit d'origine animale : ni viande, ni fromage, ni lait, ni même le miel !

Yoko : Eh ben, c'est hyper strict !

Valérie : Tout régime alimentaire peut avoir un impact sur le changement climatique, même un régime végétalien. La France produit beaucoup de fruits et de légumes, mais elle importe certains produits d'autres pays. Ils doivent être envoyés par avion, et les avions génèrent beaucoup de dioxyde de carbone ! Consommer des produits de saison cultivés près de chez nous permet de générer moins de gaz à effet de serre.

Thibault : Voilà une autre bonne raison de suivre un régime alimentaire à base de plantes, Valérie. En plus, les légumes de saison sont moins chers, ils sont pleins de bons nutriments et ils ont meilleur goût. Yoko, les Japonais mangent beaucoup de légumes, non ? Vous mangez de la viande ?

Yoko : Environ deux fois par an, je n'aime pas trop le goût.

Valérie : Mais elle adore le poisson ! Elle en mange tous les jours.

Thibault : Vous êtes donc pescétarienne : vous ne mangez pas de viande, vous ne mangez que du poisson et des légumes.

Yoko : J'aime bien ce mot ! Je l'utiliserai la prochaine fois que je commande dans un restaurant…

Valérie : Et moi alors, si je me mets à ne manger que des aliments à base de plantes, je serai quoi ? Une « personne qui mange surtout des légumes » ?

Thibault : En fait, il existe un nom pour les personnes qui mangent surtout des aliments à base de plantes : les flexitariens ! Ils sont en général végétariens, mais ils sont flexibles car ils mangent de la viande de temps en temps.

Valérie : Flexitarienne ! Ça me plaît !

Faits essentiels :

- *Il existe de nombreuses façons d'adopter un régime alimentaire sain, à base de plantes et respectueux de l'environnement.*
- *Les flexitariens mangent surtout des aliments d'origine végétale, mais ils mangent aussi parfois de la viande.*
- *Les pescétariens ne mangent que des animaux qui viennent de la mer.*
- *Les végétariens ne mangent pas de viande, mais ils consomment des œufs et des produits laitiers tels que le lait, le fromage, etc.*
- *Les végétaliens ne mangent pas de produits d'origine animale.*

Vocabulaire

de saison seasonal
(des) légumineuses pulses
(le) miel honey
(un) régime alimentaire, une alimentation diet
surtout above all, most of all
se mettre à start doing something

Bibliographie

The EAT-*Lancet* Commission. (s.f.). A planetary health plate should consist by volume of approximately half a plate of vegetables and fruits; the other half, displayed by contribution to calories, should consist of primarily whole grains, plant protein sources, unsaturated plant oils, and (optionally) modest amounts of animal sources of protein [Infographie]. En *Food planet health: healthy diets from sustainable food systems. Summary report of the EAT-Lancet Commission*. https://eatforum.org/ content/uploads/2019/07/EAT-Lancet_Commission_Summary_ Report.pdf.

FranceAgriMer. La filière Fruits et Légumes. *Production*. Récupéré le 21 octobre 2021. https://www.franceagrimer.fr/filiere-fruit-et-legumes/La-filiere-en-bref/Production.

Gander, K. (16 septembre 2019). *This is the best diet to save the planet*. Newsweek. https://www.newsweek.com/best-diet-save- planet-science-1459368.

Gray, R. (13 février 2020). *Why the vegan diet is not always green*. BBC Future. https://www.bbc.com/future/article/20200211-why- the-vegan-diet-is-not-always-green.

Greenpeace (s.f.). *Pourquoi manger de saison ?* Récupéré le 14 octobre sur https://www.greenpeace.fr/guetteur

Kim, B. F., Santo, R. E., Scatterday, A. P., Fry, J. P., Synk, C. M., Cebron, S. R., Mekonnen, . M., Hoekstra, A. Y., Pee, S., Bloem, M. W., Neff, R. A., et Nachman, K. E. (2019). Country-specific dietary shifts to mitigate climate and water crises. *Global Environmental Change*. https://doi.org/10.1016/j.gloenvcha.2019.05.010.

McManus, K. D. (27 septembre 2018). *What is a plant-based diet and why should you try it?* Harvard Health Blog. https://www.health.harvard.edu/blog/what-is-a-plant-based-diet-and-why-should-you-try-it-2018092614760.

CHAPITRE 18 : CULTIVER SON PROPRE POTAGER

Thibault regarde sa montre. Il a d'autres patients qui l'attendent.

Thibault : Une dernière chose : nous avons beaucoup parlé alimentation, mais avant de vous laisser partir, je devrais aussi vous parler d'exercice physique.

Valérie : Oui ! J'en fais plus que toi, Yoko.

Thibault : Vous allez toujours nager trois fois par semaine à la piscine municipale ?

Valérie : Oui ! Et les jours où je ne nage pas, je marche.

Yoko : Elle adore faire de l'exercice !

Thibault : Et vous, Yoko ? Vous n'aimez pas nager ou marcher ?

Yoko : Pas du tout !

Valérie : Elle ne fait de l'exercice que quand elle est obligée.

Thibault : Et si je vous disais qu'il existe un moyen de faire de l'exercice qui aiderait aussi Valérie à mieux manger ?

Yoko : Oulà, ça m'intéresse !?

Thibault : Vous pourriez cultiver vos propres légumes dans un potager...

Valérie : Yoko, c'est une excellente idée !

Thibault : Jardiner, c'est de l'exercice physique, et en cultivant des fruits et légumes, vous mangerez mieux aussi !

Valérie : Nous avons parlé des jardins potagers à la dernière réunion de mon association écologique. Les potagers sont très bons pour l'environnement.

Thibault : Ah oui ?

Valérie : Oui : on peut éviter d'utiliser des produits chimiques qui polluent le sol, et choisir de fertiliser nos plantes avec du compost, à la place.

Thibault : Et qu'est-ce que c'est, le compost ? C'est une espèce de mélange de peaux de bananes et de marc de café, non ?

Valérie : Tous les déchets issus de plantes peuvent être compostés, y compris les peaux de bananes et le marc de café ! Vous pouvez aussi utiliser les feuilles et les mauvaises herbes du jardin. On obtient du compost quand la matière végétale pourrit et se décompose.

Thibault : Ça ne sent pas mauvais ?

Valérie : Ha ha, ça ne sent pas bon, ça, c'est sûr ! C'est pour ça que beaucoup de gens laissent le compost à l'extérieur. Mais c'est très sain pour le sol, vos plantes vont adorer.

Yoko : Eh ben, Valérie, tu en sais beaucoup sur l'agriculture et le jardinage !

Valérie : Oui, même si je n'aime pas ça, c'est pour ça que je n'ai jamais pensé à créer un potager dans notre jardin. Mais ça serait parfait pour toi !

Yoko : Merci pour votre suggestion, docteur !

Thibault : De rien, et merci à vous aussi, Valérie, pour toutes ces informations sur les potagers. Maintenant que je sais à quel point c'est bon pour l'environnement, j'en veux un aussi !

Valérie : Tant mieux !

Yoko : Bon, il faut qu'on y aille. Au revoir, docteur Payet !

Thibault : Au revoir Mesdames !

Faits essentiels :

- *Jardiner permet de faire de l'exercice, de bien manger et de lutter contre les effets du changement climatique.*

Vocabulaire

polluer to pollute
(un) produit chimique chemical
fertiliser to fertilize
à la place instead
(le) marc de café coffee ground
(la) peau (here) peel
(les) déchets waste
(les) mauvaises herbes weed
se décomposer to rot, to go off

Bibliographie

Cambridge English Dictionary. (s.f.). Compost. In Cambridge Dictionary Online. Récupéré le 2 mai 2020 sur https:// dictionary.cambridge.org/us/dictionary/english/compost.

Fosdick, D. (3 mars 2020). 'Sustainable gardening' includes many eco-friendly practices. ABC News. https://abcnews.go.com/Lifestyle/wireStory/sustainable-gardening-includes-eco-friendly-practices-69355658.

Lawrence, S. (s.f.). Get fit by gardening. WebMD. https://www.webmd.com/fitness-exercise/features/get-fit-by-gardening#1.

Missouri Botanical Garden. (s.f.). Sustainable Gardening. https://www.missouribotanicalgarden.org/gardens-gardening/your-garden/help-for-the-home-gardener/sustainable-gardening.aspx.

Soga, M., Gaston, K. J., et Yamaura, Y. (2017). Gardening is beneficial for health: A meta-analysis. Preventative Medicine Reports, 5, 92-99. https://doi.org/10.1016/j.pmedr.2016.11.007.

Thompson, R. (2018). Gardening for health: a regular dose of gardening. Clinical Medicine (London), 18(3), 201-05. https://doi.org/10.7861/clinmedicine.18-3-201.

CHAPITRE 19 : LES FERMES OÙ TROUVER DE LA VIANDE SAINE ET "BIO"

Valérie et Yoko quittent le cabinet de Thibault et passent à la boucherie "Viande Suprême", tenue par Pascal, 45 ans.

Valérie : Bonjour, Pascal !

Pascal : Bonjour, les filles !

Yoko : Bonjour, Pascal ! Comment vas-tu aujourd'hui ?

Pascal : Bien, merci ! Content qu'il fasse plus frais cette semaine.

Yoko : Moi aussi !

Pascal : Alors, Valérie, tu viens pour ta commande de la semaine ? Viande hachée, lardons et côtelettes d'agneau ?

Valérie : Pas cette fois-ci, Pascal ! On sort de chez le docteur, et il m'a dit de manger moins de viande rouge.

Pascal : Docteur Payet est un médecin compétent. C'est aussi mon médecin. Grâce à lui, j'ai perdu du poids, sans complètement sacrifier la viande !

Valérie : Vraiment ? Mais c'est fantastique ! Comment tu as fait ?

Pascal : J'ai commencé à manger de la viande de meilleure qualité, mais en plus petite quantité.

Valérie : C'est-à-dire ?

Pascal : Eh bien, je ne mange que de la viande de vaches nourries à l'herbe, pas au maïs. Cette viande est beaucoup plus saine et a aussi meilleur goût.

Yoko : Pourquoi est-ce que tu dis qu'elle est plus saine ?

Pascal : Parce qu'elle est moins grasse que la viande des vaches qui mangent des céréales, et qu'elle contient aussi plus de vitamines. Ce qui compte, c'est de consommer de la viande d'animaux élevés en plein air et nourris d'aliments naturels, comme l'herbe. Leur viande est vraiment meilleure.

Valérie : Quand les animaux font plus d'exercice, ils sont en meilleure santé. C'est logique !

Pascal : Valérie, tu n'es pas membre de l'association écologique locale ?

Valérie : Si ! C'est pour ça que je veux manger moins de viande. Je veux faire ma part pour l'environnement !

Pascal : Alors tu devrais aussi t'assurer que la viande que tu achètes est produite localement. Il y a beaucoup de viande d'animaux nourris à l'herbe, mais importée d'Australie.

Yoko : Importer de la viande d'aussi loin ! Ce n'est pas très écologique, ça...

Pascal : Bien sûr que non ! Mais tu as de la chance. Ma meilleure viande provient d'une ferme située à 40 km d'ici. Je pense que ce morceau sera parfait pour ton dîner, Valérie.

Valérie : Mmmh, il a l'air délicieux !

Pascal : Et il l'est ! Ça te coûtera autant que ce que tu paies chaque semaine pour la viande que tu prends d'habitude, mais la qualité est bien meilleure. Et le goût aussi !

Valérie : Alors, prépare-moi ce morceau, Pascal, je vais le cuisiner ce week-end !

Yoko : J'en mangerai aussi un peu, je pense… Ça a l'air vraiment bon !

Faits essentiels :

- *Acheter de la viande locale d'animaux nourris à l'herbe est plus sain pour vous et pour la planète.*
- *Elle est parfois plus chère, alors achetez-en moins si vous voulez acheter de la viande de meilleure qualité.*

Vocabulaire

(la) viande hachée minced meat
(des) côtelettes chops
s'assurer to make sure, to ensure
(le) maïs corn, maize
en plein air in the open
(l') herbe grass

Bibliographie

Daley, C. A., Abbott, A., Doyle, P. S., Nader, G. A., et Larson, S. (2010). A review of fatty acid profiles and antioxidant content in grass-fed and grain-fed beef. *Nutrition journal*, *9*, 10. https://doi.org/10.1186/1475-2891-9-10.

Matsumoto, N. (13 août 2019). *Is grass-fed beef really better for the planet? Here's the science*. NPR. https://www.npr.org/sections/thesalt/2019/08/13/746576239/is-grass-fed-beef-really-better-for-the-planet-heres-the-science.

Stanley, P. L., Rowntree, J. E., Beede, D. K., DeLonge, M. S., et Hamm, M. W. (2018). Impacts of soil carbon sequestration on life cycle greenhouse gas emissions in Midwestern USA beef finishing systems. *Agricultural Systems*, *162*, 249-58. https://doi.org/10.1016/j.agsy.2018.02.003.

CHAPITRE 20 : L'AGRICULTURE CONVENTIONNELLE

Pascal emballe le steak de bœuf nourri à l'herbe pour Valérie. Valérie sort son porte-monnaie pour payer.

Pascal : Valérie, c'est quand la prochaine réunion de ton association écologique ?

Valérie : Ce soir, on en a une. Et vendredi prochain aussi. Pourquoi ?

Pascal : J'ai entendu plein de choses sur le changement climatique ces derniers temps. Le journal publie beaucoup d'articles sur le sujet et j'aimerais venir à l'une de vos réunions pour en savoir plus.

Valérie : Bien sûr, viens ! Tu pourras partager des informations intéressantes sur les fermes locales et la viande durable.

Yoko : C'est une super idée, chérie !

Pascal : J'aime bien faire mon travail, c'est pour ça que je fais régulièrement des recherches pour en apprendre plus sur la production et la qualité de la viande ! Et les articles que j'ai lus dernièrement étaient très intéressants.

Yoko : Ah oui ? Qu'est-ce qu'ils disaient ?

Pascal : Le dernier article que j'ai lu parlait de l'agriculture et des gaz à effet de serre. Il contenait beaucoup d'informations ! Tu sais combien de gaz à effet de serre est dégagé chaque année par les grandes exploitations agricoles ?

Valérie : Non, combien ?

Pascal : Une quantité qui correspond à 10 à 20 % de tous les gaz à effet de serre produits sur la planète !

Yoko : Waouh, et pourquoi l'agriculture produit-elle autant de dioxyde de carbone ?

Pascal : Seul un type d'agriculture est problématique : Quand on cultive dans les champs la même plante plusieurs fois de suite, le sol perd en qualité.

Valérie : Oui, les plantes absorbent le dioxyde de carbone de l'air. Un sol sain absorbe le carbone des plantes quand elles meurent, mais l'agriculture intensive empêche ce processus. Le carbone contenu dans le sol est donc relâché dans l'air sous forme de dioxyde de carbone.

Yoko : Eh ben, je ne savais pas !

Pascal : Les agriculteurs mettent aussi des produits chimiques dans les sols épuisés pour essayer de régénérer leur qualité. Ces produits chimiques peuvent entrer en contact avec les eaux souterraines, et quand cela arrive, l'eau n'est plus potable.

Yoko : Est-ce qu'il existe d'autres méthodes de culture, plus sûres et plus saines pour nous et pour la planète ?

Pascal : C'est ce que j'allais demander !

Valérie : Bien sûr ! Les exploitations biologiques ne mettent pas de produits chimiques dans le sol. Il s'agit en général de petites fermes familiales, plutôt que de grosses entreprises.

Yoko : Comme les propriétaires de fermes qui nous vendent des légumes au marché le samedi ?

Valérie : Exactement !

Yoko : Il va falloir que je cultive beaucoup de légumes différents dans notre potager sans mettre de produits chimiques dans le sol.

Pascal : Tu vas planter un potager ? Quelle bonne idée !

Valérie : Oui ! Je me vois bien accompagner mon steak hebdomadaire avec des épinards bio du jardin !

Yoko : Pascal, on doit y aller. Merci pour tout !

Pascal : Au revoir, les filles ! À bientôt !

Yoko et Valérie : Bonne journée !

Faits essentiels :

- *Les fermes industrielles peuvent produire beaucoup de gaz à effet de serre, notamment quand elles plantent les mêmes cultures chaque année et qu'elles épandent des produits chimiques sur le sol.*
- *Les fermes biologiques sont plus saines et plus sûres pour notre planète ainsi que pour notre alimentation.*

Vocabulaire

emballer to wrap
(un) porte-monnaie purse
durable sustainable
(une) ferme, une exploitation farm
épuisé *here:* used up, exhausted, with no nutrients
souterrain underground
(une) entreprise company
(des) épinards spinach

Bibliographie

Project Drawdown. (s.f.). *Regenerative Annual Cropping*. https://www.drawdown.org/solutions/regenerative-annual-cropping.

Rodale Institute. (s.f.). *Organic v. Conventional farming*. https://rodaleinstitute.org/why-organic/organic-basics/organic-vs-conventional/.

Russell, S. (29 mai 2014). *Everything you need to know about agricultural emission*s. World Resources Institute. https://www.wri.org/blog/2014/05/everything-you-need-know-about-agricultural-emissions.

CINQUIÈME PARTIE : L'ÉNERGIE

Amélie est à Marseille cette semaine pour chercher des informations sur l'énergie pour ses articles sur le changement climatique. Elle est en train de faire un tour dans le Vieux-Port. C'est une belle journée ensoleillée. Un adolescent et un vieil homme s'approchent d'elle.

CHAPITRE 21 : LE SOLEIL À L'HORIZON !

Amélie : Bonjour, je m'appelle Amélie.

Hugo : Bonjour, moi c'est Hugo, et lui, c'est mon grand-père, Jacques.

Jacques : Bonjour !

Amélie : Quelle belle journée, n'est-ce pas ? Il n'y a pas un seul nuage dans le ciel.

Jacques : Une très belle journée ! Et avec la brise fraîche de la mer, il ne fait pas trop chaud.

Hugo : Vous n'êtes pas d'ici, j'ai l'impression ?

Amélie : Non, je vis à Paris. Je suis ici pour le travail. J'écris un article sur l'énergie verte.

Hugo : L'énergie verte ? Je crois que je sais ce que ça veut dire. C'est l'énergie qui provient de sources comme la lumière, le soleil et le vent. Elles sont dites vertes car elles sont respectueuses de l'environnement et ne polluent pas l'air.

Amélie : Oui, exactement ! D'ailleurs, cette région serait idéale pour installer une ferme solaire.

Jacques : Qu'est-ce qu'une ferme solaire ?

Hugo : C'est un endroit avec plein de panneaux solaires, papi. Les panneaux absorbent la lumière du soleil et la transforment en électricité.

Amélie : Eh ben, tu en sais des choses sur l'énergie solaire, Hugo.

Hugo : On étudie les énergies vertes, ou propres, dans mon cours de sciences.

Jacques : Mais pourquoi ça s'appelle une « ferme »? Les fermes c'est pour les légumes et le bétail! Je le sais bien, j'étais agriculteur.

Hugo : Les temps changent, papi! Je t'explique : les cultures sont plantées au printemps et récoltées en automne, c'est bien ça ?

Jacques : Oui, on plante au printemps et on récolte en automne.

Hugo : Eh bien, les fermes solaires "récoltent" en quelque sorte la lumière du soleil : Elles la collectent puis la transforment en électricité.

Amélie : C'est une excellente explication, Hugo! Je peux l'utiliser dans mon prochain article sur l'énergie solaire? Je mentionnerai ton nom.

Hugo : Cool, bien sûr! Merci!

Jacques : D'accord, Hugo! Mais explique-moi : comment fonctionnent les fermes solaires?

Hugo : C'est un peu compliqué, il faut bien comprendre le fonctionnement de l'électricité. Mais en tout cas, utiliser l'énergie solaire est très bon pour la planète. C'est une énergie beaucoup plus verte et propre que celle des combustibles fossiles.

Amélie : Oui, la combustion d'énergies fossiles pollue et produit des gaz à effet de serre. La lumière du soleil, quant à elle, n'est pas brûlée. Elle ne génère donc rien de nocif.

Jacques : Je suis une personne âgée avec une petite retraite. Je pourrais me permettre d'utiliser l'électricité solaire avec mon budget, tu crois ?

Hugo : Bien sûr, papi ! L'énergie solaire est souvent au même prix, voire même moins chère que l'énergie des combustibles fossiles.

Jacques : J'ai reçu une brochure sur l'énergie solaire dans ma boîte aux lettres la semaine dernière. Tu pourrais appeler la compagnie d'électricité plus tard ? J'aimerais bien qu'ils installent ces panneaux sur mon toit.

Hugo : Bien sûr, papi !

Photo de l'American Public Power Association sur Unsplash.

Jacques : J'ai une autre question : les fermes solaires, est-ce que c'est aussi grand et moche que les parcs éoliens ?

Hugo : Papi ! Ne dis pas ça ! Les parcs éoliens sont nécessaires !

Amélie : Les fermes solaires peuvent prendre beaucoup de place, c'est vrai... Mais par contre, les panneaux solaires sont plats et ne se voient pas de loin.

Jacques : Ouf, quel soulagement !

Hugo et Amélie : Ha ha ha !

Faits essentiels :

- *L'énergie solaire est l'une des sources d'énergie verte les moins chères et les plus propres.*
- *Elle fonctionne en absorbant la lumière et la chaleur du soleil et en les convertissant en électricité.*

Vocabulaire

faire un tour to go for a walk
(un) nuage cloud
(un) adolescent teenager
du bétail livestock
propre clean
(un) agriculteur farmer
(une) culture crop
récolter to harvest
en quelque sorte in a manner of speaking
(une) retraite pension
(un) parc éolien wind farm
(un) toit roof

Bibliographie

American Public Power Association. (s.f.). [Panneaux solaires dans un champ] [Fotographie] Unsplash. https://unsplash.com/photos/513dBrMJ_5w.

Dudley, D. (13 janvier 2018). *Renewable energy will be consistently cheaper than fossil fuelsby 2020, reportclaims*. Forbes. https://www.forbes.com/sites/dominicdudley/2018/01/13/renewable-energy-cost-effective-fossil-fuels-2020/#1be9c7674ff2.

International Renewable Energy Agency (IRENA). (2019), *Renewable Power Generation Costs in 2018*.https://www.irena.org/-/media/Files/IRENA/Agency/Publication/2019/May/IRENA_Renewable-Power-Generations-Costs-in-2018.pdf.

Masson, V., Bonhomme, M., Salagnac, J.-L., Briottet, X., et Lemonsu, A. (2014). Solar panels reduce both global warming and urban heat island. *Environmental Science, 2*(14). https://doi.org/10.3389/fenvs.2014.00014.

Project Drawdown. (s.f.). *Utility-scale solar photovoltaics*. https://drawdown.org/solutions/utility-scale-solar-photovoltaics.

Schmalensee, R., *et al*. (2015). *The future of solar energy: an interdisciplinary MIT study*. http://energy.mit.edu/wp-content/uploads/2015/05/MITEI-The-Future-of-Solar-Energy.pdf.

U.S. Energy Information Administration. (s.f.). *Renewable solar*. Energy Kids. https://www.eia.gov/kids/energy-sources/solar/.

CHAPITRE 22 : LE VENT EN POUPE

Tout d'un coup, un coup de vent emporte le chapeau de Jacques. Il tombe à côté d'Amélie, qui le ramasse et le rend à son propriétaire.

Amélie : On dirait que le vent commence à souffler. Voici votre chapeau, monsieur...

Jacques : Vous pouvez m'appeler Jacques. Merci !

Amélie : De rien !

Hugo : Papi, moi j'aime la forme des turbines éoliennes : Elles sont grandes, fines et blanches.

Jacques : Les turbines éoliennes ? Les moulins à vent, tu veux dire ?

Hugo : Non, les moulins à vent ne créent pas d'électricité. C'est pour ça qu'ils existaient avant la découverte de l'énergie électrique. Les pales des éoliennes sont reliées à des générateurs, des machines qui convertissent l'énergie provenant du mouvement en énergie électrique. Lorsque les pales tournent, les générateurs utilisent cette énergie pour créer de l'électricité.

Jacques : Bah. Ces « turbines », comme tu les appelles, sont beaucoup plus moches que les moulins à vent. Et elles tuent beaucoup d'oiseaux aussi ! Je crois avoir lu ça quelque part...

Amélie : En réalité, les éoliennes ne tuent pas autant d'oiseaux que ce que l'on croit…

Jacques : Ah oui ?

Amélie : Il y a beaucoup plus d'oiseaux qui meurent chaque année en percutant des immeubles qu'en percutant des turbines. Et les plus grands tueurs d'oiseaux dans le monde sont les chats !

Jacques : Les chats !

Hugo : *Pattenrond* et *Grosminet* sont des assassins d'oiseaux !

Jacques : C'est la nature : les chats sont et resteront des chats. Bon, je suis content d'apprendre que ces… « turbines » ne sont pas aussi dangereuses que ça pour les oiseaux.

Amélie : On appelle ça « des parcs éoliens » !

Photo de Johanna Montoya sur Unsplash.

Jacques : Et ces parcs éoliens sont-ils aussi rentables que les fermes solaires ?

Amélie : L'énergie éolienne est parfois encore moins chère que l'énergie solaire !

Jacques : Des fermes solaires, des parcs éoliens... C'est quoi la prochaine invention, des cultures d'eau ?

Amélie : Vous n'avez pas tort ! De plus en plus de parcs éoliens sont construits au milieu de l'océan. On les appelle "des parcs éoliens flottants" ou "offshore".

Hugo : Et celui du port autonome de Marseille, là-bas, c'est un parc éolien terrestre, non ?

Amélie : Exactement !

Jacques : Ne me dis pas qu'ils vont remplir la mer de ces éoliennes, quand même !?

Hugo : Papi, qu'est-ce qui compte le plus pour toi, le paysage ou mon avenir ?

Jacques : Regardez-le, comme il est intelligent pour son âge. Bien plus que je ne l'étais moi-même. C'est un bon garçon, vous ne trouvez pas, Amélie ?

Amélie : Bien sûr !

Faits essentiels :

- *L'énergie éolienne est une autre source d'énergie propre et bon marché.*
- *On trouve des parcs éoliens sur terre et en mer, au large des côtes.*

Vocabulaire

(un) coup de vent blast of wind
(un) moulin mill
(une) pale d'éolienne windmill blade
percuter to crash against, to bump against
rentable profitable; worthwhile

Bibliographie

Fares, R. (28 août 2017). *Wind energy is one of the cheapest sources of electricity, and it's getting cheaper.* Scientific American. https://blogs.scientificamerican.com/plugged-in/wind-energy-is-one-of-the-cheapest-sources-of-electricity-and-its-getting-cheaper/.

France 3 Régions. Florent Hertmann (12 juillet 2021) *Occitanie : début du débat public sur l'implantation d'éoliennes flottantes en Méditerranée.* https://france3-regions.francetvinfo.fr/occitanie/occitanie-debut-du-debat-public-sur-l-implantation-d-eoliennes-flottantes-en-mediterranee-2177455.htm

Lavric, E., Pattison, S., Richardson, H., et Wood, C. (s.f.). *Renewables comparison : wind v. solar energy* [PowerPoint]. Récupéré le 28 avril 2020 sur https://icap.sustainability.illinois.edu/files/projectupdate/4045/wind%20vs%20solar.pdf.

Le Monde. Michel Sampson (21 février 2005) *Les éoliennes s'installent les Bouches-du-Rhône.* https://www.lemonde.fr/international/article/2005/02/21/les-eoliennes-s-installent-dans-les-bouches-du-rhone_398956_3210.html

Loss, S. L., Will, T., et Marra, P. P. (2013). Estimates of bird collision mortality at wind facilities in the contiguous United States. *Biological Conservation*, *168*, 201-09. https://doi.org/10.1016/j.biocon.2013.10.007.

Loss, S. L., Will, T., Loss, S. S., et Marra, P. P. (2014). Bird–building collisions in the United States: Estimates of annual mortality and species vulnerability. *The Condor: Ornithological Applications*, *116*(1), 8-23. https://doi.org/10.1650/CONDOR-13-090.1

Montoya, J. (s.f.). [Turbines éoliennes dans un champ] [Fotographie] Unsplash. https://unsplash.com/photos/OZ-r0tEnW6M.

Office of Energy Efficiency & Renewable Energy. (s.f.). *History of U.S. Wind Energy*. U. S. Department of Energy. https://www.energy.gov/eere/wind/history-us-wind-energy.

Thaxter, C. B., Buchanan, G. M., Carr, J., Butchart, S. H. M., Newbold, T., Green, R. E., Tobias, J. A., Foden, W. B., O'Brien, S., et Pearce-Higgins, J. W. (2017). Bird and bat species' global vulnerability to collision mortality at wind farms revealed through a trait-based assessment. *Proceedings of the Royal Society B: Biological Sciences*, *284*(1862), 20170829. http://dx.doi.org/10.1098/rspb.2017.0829.

CHAPITRE 23 : L'ÉNERGIE NUCLÉAIRE

Jacques, Hugo et Amélie continuent leur conversation sur les sources d'énergie alternatives.

Jacques : Une chose est sûre : le vent et le soleil sont des sources d'énergie plus sûres que l'énergie nucléaire. Quand j'étais jeune, c'était l'énergie propre la plus utilisée.

Amélie : Vous avez raison, Jacques ! L'énergie nucléaire est relativement sûre. Aujourd'hui, près de 450 centrales nucléaires produisent de l'énergie dans plus de 50 pays. Mais quand il y a un problème, l'énergie nucléaire peut s'avérer dangereuse.

Photo de Ajay Pal Singh Atwal sur Unsplash.

Hugo : Je ne savais pas qu'il y avait autant de centrales nucléaires dans le monde !

Amélie : Eh oui, 10 % de l'électricité mondiale provient de l'énergie nucléaire. En France, c'est même 70 % de l'électricité qui provient de l'énergie nucléaire, et aux États-Unis, 20 %.

Jacques : Mais c'est très dangereux, rappelez-vous l'accident de Tchernobyl en 1986 !

Hugo : C'était il y a plus de 30 ans, papi ! Je suis sûr que la technologie et les mesures de sécurité se sont beaucoup améliorées depuis.

Amélie : Vous avez tous les deux raison. Les réacteurs nucléaires d'aujourd'hui sont beaucoup plus sûrs que ceux de 1986, et ils coûtent 4 à 8 fois plus cher. Mais malgré ça, des accidents peuvent toujours se produire..

Jacques : Comme ce qui s'est passé avec le tremblement de terre et le tsunami de 2011 au Japon ! L'eau a inondé une centrale nucléaire qui a libéré des matières radioactives dans l'environnement. Les personnes qui vivaient dans cette zone n'ont pu rentrer chez elles qu'en 2019, huit ans après l'accident. Beaucoup de gens ne peuvent toujours pas vivre dans les régions touchées.

Hugo : C'est horrible...

Amélie : C'est pour ça que certaines centrales nucléaires ont fermé en France. Même si elles n'ont jamais eu d'accident, le risque est toujours là, et les conséquences durent des années.

Hugo : D'ailleurs, il n'est toujours pas possible d'habiter près de Tchernobyl, il me semble ?

Amélie : Effectivement. Personne ne peut habiter dans un périmètre d'environ 50 km autour de la centrale nucléaire. Mais il y a encore des gens qui travaillent à la centrale.

Hugo et Jacques : Vraiment !?

Amélie : Oui, les réacteurs qui n'ont pas été détruits en 1986 ont continué à produire de l'énergie jusqu'en 2000. Depuis, l'usine a été fermée. Les travailleurs veillent à leur sécurité en y restant pour de courtes périodes.

Jacques : Le danger, ce sont les radiations. Elles sont inoffensives en petites quantités, comme lorsqu'on passe une radiographie par exemple. Mais des radiations trop fortes ou une exposition trop longue peuvent endommager nos cellules, nous empoisonner, provoquer un cancer ou d'autres problèmes de santé, même des années après l'exposition.

Hugo : Mais il y a des gens qui reçoivent des radiations pour le traitement du cancer, non ?

Jacques : Oui, ta grand-mère a fait une radiothérapie pour son cancer du sein. Mais cette quantité de radiation est très faible comparée à celle qui est libérée lors d'un accident nucléaire.

Amélie : L'énergie nucléaire présente des risques très importants, mais la production des énergies éolienne et solaire est encore insuffisante pour remplacer l'énergie nucléaire. Nous devons d'abord continuer de développer les énergies vertes, plus sûres, afin de pouvoir abandonner complètement l'énergie nucléaire.

Jacques : Tout à fait d'accord !

LES ACCIDENTS NUCLÉAIRES LES PLUS GRAVES AU MONDE

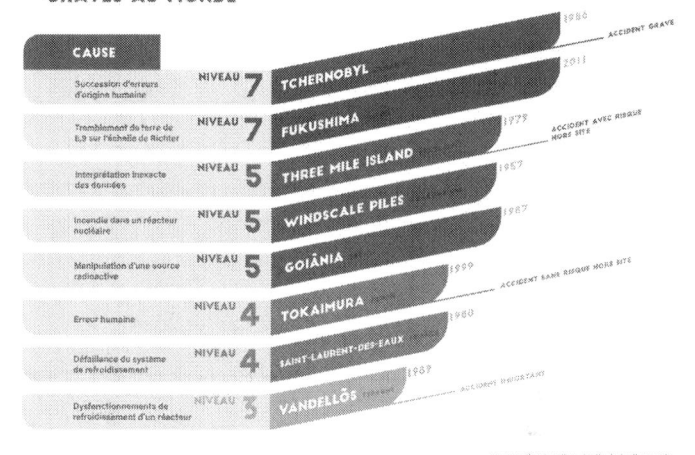

CAUSE	NIVEAU	ACCIDENT	ANNÉE	
Succession d'erreurs d'origine humaine	NIVEAU 7	TCHERNOBYL	1986	ACCIDENT GRAVE
Tremblement de terre de 8,9 sur l'échelle de Richter	NIVEAU 7	FUKUSHIMA	2011	
Interprétation inexacte des données	NIVEAU 5	THREE MILE ISLAND	1979	ACCIDENT AVEC RISQUE HORS SITE
Incendie dans un réacteur nucléaire	NIVEAU 5	WINDSCALE PILES	1957	
Manipulation d'une source radioactive	NIVEAU 5	GOIÂNIA	1987	
Erreur humaine	NIVEAU 4	TOKAIMURA	1999	ACCIDENT SANS RISQUE HORS SITE
Défaillance du système de refroidissement	NIVEAU 4	SAINT-LAURENT-DES-EAUX	1980	
Dysfonctionnements de refroidissement d'un réacteur	NIVEAU 3	VANDELLÒS	1987	INCIDENT IMPORTANT

Image créée par Jeffie Jasmine pour Olly Richards Publishing, données de HispanTV.

Faits essentiels :

- *Il existe plus de 450 centrales nucléaires produisant de l'énergie dans 50 pays.*
- *En général, l'énergie nucléaire est une énergie sûre et propre.*
- *Cependant, tout accident peut avoir des conséquences très graves : les habitants de la zone touchée doivent quitter leurs maisons et risquent de développer des maladies mortelles à cause des radiations.*
- *L'énergie nucléaire présente de nombreux avantages, mais aussi de nombreux risques.*

Vocabulaire

(une) centrale nucléaire nuclear power plant
s'avérer turn out to be
(un) tremblement de terre earthquake
(une) radiographie x-ray photograph
empoisonner to poison
inoffensif harmless

Bibliographie

Atwal, A. P. S. (s.f.). [Silhouette d'une centrale nucléaire près d'un plan d'eau en journée] [Fotographie] Unsplash. https://unsplash.com/photos/gRdTreyRops.

Euronews. Guillaume Petit. (29 juin 2020). *Réduire la part du nucléaire en France : oui, mais que se passe-t-il après ?* https://fr.euronews.com/2020/06/29/reduire-la-part-du-nucleaire-en-france-et-apres.

Goldberg, S. M. et Rosner, R. (2011). *Nuclear reactors: generation to generation*. American Academy of Arts & Sciences. https://www.amacad.org/sites/default/files/academy/pdfs/nuclearReactors.pdf.

Hispantv (4 mars 2018) *Los accidentes nucleares más graves del mundo* [Infographie]. Récupéré le 17 juin 2020 sur : https://www.hispantv.com/noticias/sociedad/370306/accidentes-nucleareschernobil-fukushima-infografia

Little, J. B. (16 janvier 2019). *Fukushima residents return despite radiation*. Scientific American. https://www.scientificamerican.com/article/fukushima-residents-return-despite-radiation/.

Meyer, R. (5 mars 2019). *There really, really isn't a silver bullet for climate change*. The Atlantic. https://www.theatlantic.com/science/archive/2019/03/why-nuclear-power-cannot-solve-climate-change-alone/584059/.

Ouest France (26 avril 2016) 30 ans de Tchernobyl. Les pires accidents nucléaires de l'histoire. [Infographies]. Récupéré le 21 octobre 2021 sur : https://www.ouest-france.fr/environnement/nucleaire/30-ans-de-tchernobyl-les-pires-accidents-nucleaires-de-lhistoire-4186427

Project Drawdown. (s.f.). *Nuclear power*. https://www.drawdown.org/solutions/nuclear-power.

U.S. Environmental Protection Agency (U.S. E.P.A.) (s.f.). *Radiation health effects*. https://www.epa.gov/radiation/radiation-health-effects

World Nuclear Association. (2020). *Nuclear Power in the U.S.A*. https://www.world-nuclear.org/information-library/country-profiles/countries-t-z/usa-nuclear-power.aspx.

—. *Nuclear power in the world today*. https://www.world-nuclear.org/information-library/current-and-future-generation/nuclear-power-in-the-world-today.aspx.

World Nuclear News. (19 février 2014). *Decommissioning of Chernobyl units approaches*. https://world-nuclear-news.org/Articles/Decommissioning-of-Chernobyl-units-approaches..

CHAPITRE 24 : DE L'ÉNERGIE POUR TOUS LES GOÛTS !

Jacques, Hugo et Amélie restent silencieux un moment. Ils sont en train de réfléchir aux risques et aux avantages de l'énergie nucléaire. Après quelques instants, Amélie regarde sa montre.

Amélie : Je ne devrais pas tarder ! Je ferais mieux de retourner à l'hôtel avant le coucher du soleil. J'ai vraiment apprécié notre conversation !

Jacques et Hugo : Nous aussi !

Hugo : Madame…

Amélie : Appelle-moi Amélie, je t'en prie !

Hugo : D'accord, Amélie. Vous connaissez d'autres types d'énergie verte ? Vous avez l'air d'en savoir beaucoup sur les énergies propres.

Amélie : Très bonne question, Hugo ! Oui, je suis en train d'écrire un article sur certains types d'énergie qui sont moins connus, comme l'énergie géothermique.

Jacques : Géothermique ? Ça me fait penser à mes sous-vêtements thermiques !

Amélie : Oui, ça fonctionne pareil ! « Thermique » est un mot scientifique qui fait référence à la chaleur.

Hugo : Et « géo » signifie « Terre », non ? La géographie et la géologie sont des sciences qui étudient la Terre. L'énergie géothermique serait donc une énergie qui utilise la chaleur de la Terre ?

Amélie : Exactement, Hugo ! Je comprends pourquoi vous êtes si fier de lui, Jacques.

Jacques : Oh que oui ! Mais alors, qu'est-ce que c'est exactement, l'énergie géothermique ?

Amélie : C'est l'énergie qui provient de la chaleur de l'intérieur de la Terre. Les gens utilisent cette énergie depuis des milliers d'années. Vous avez déjà entendu parler des thermes romains ?

Jacques : Oui ! Les Romains dans l'Antiquité allaient dans des bains publics d'eau chaude et froide. Ils obtenaient l'eau chaude de l'intérieur de la Terre.

Amélie : Exactement ! Cette eau est toujours disponible parce que l'intérieur de la Terre reste chaud en permanence.

Jacques : Mais alors, pourquoi je n'ai jamais entendu parler de l'énergie géothermique ?

Amélie : La chaleur de la Terre doit être proche du sol pour être utilisable, et ce n'est pas toujours le cas. Seuls 10 % de la surface terrestre peut fournir une énergie géothermique durable, comme c'est le cas des zones volcaniques.

Hugo : Ça explique pourquoi je n'en avais pas entendu parler avant…

Amélie : Il y a aussi l'énergie marine.

Jacques : L'énergie marine ? Comme l'énergie des vagues et des marées ?

Amélie : Tout à fait !

Hugo : Alors, pourquoi on n'utilise pas plus souvent l'énergie marine dans la vie de tous les jours ?

Amélie : À cause de la technologie qu'elle requiert : cette énergie est très chère à obtenir.

Hugo : Pourquoi ?

Amélie : Parce que l'eau salée abîme le matériel en métal. Et puis les vagues peuvent être très puissantes et faire tomber l'équipement en mer. Ces machines ont donc de grandes chances de se casser et leur remplacement coûte très cher.

Hugo : Moi, je veux devenir ingénieur. J'essaierai de créer des centrales électriques plus solides pour qu'elles fonctionnent dans l'océan !

Amélie : C'est une excellente idée ! J'adorerais t'envoyer mes articles finis. Comment je peux te contacter ?

Hugo : Je suis sur Twitter. Mon compte, c'est @HugoChangementClimatique. Je l'utilise pour partager mes idées pratiques sur la lutte contre le changement climatique.

Amélie : J'adore ! C'était un plaisir de vous rencontrer tous les deux, Hugo et Jacques. Passez une bonne soirée !

Jacques et Hugo : Merci Amélie, au revoir !

Faits essentiels :

- *Certains types d'énergie verte sont encore trop chers pour être utilisés à grande échelle.*
- *Parmi eux, il y a notamment l'énergie géothermique et l'énergie marine.*
- *L'énergie géothermique utilise la chaleur de l'intérieur de la Terre.*
- *L'énergie marine utilise l'énergie créée par le mouvement des océans.*

Vocabulaire

des sous-vêtement underwear
fier proud
disponible available
fournir to provide
abîmer to ruin, to damage
(un) ingénieur engineer
à grande échelle on a large scale

Bibliographie

Levitan, D. (28 avril 2014). *Why wave power has lagged far behind as energy source*. Yale e360. https://e360.yale.edu/features/why_wave_power_has_lagged_far_behind_as_energy_source.

Morris, S. (1 juin 2009). Q&A : geothermal energy. *The Guardian*. https://www.theguardian.com/environment/2009/jun/01/geothermal-energy.

Project Drawdown. (s.f.). *Geothermal power*. https://www.drawdown.org/solutions/geothermal-power.

—. (s.f.). *Ocean power*. https://drawdown.org/solutions/ocean-power.

SIXIÈME PARTIE : LES DÉCHETS

Thibault et Marion sont chez eux à Orléans. Ils ont invité quelques amis à dîner. A la fin de la soirée, tout le monde s'en va, sauf Alexandre, un ami de Thibault venu de Nantes et qui passera la nuit chez Thibault et Marion.

CHAPITRE 25 : CE QU'ON JETTE À LA MAISON

Thibault, Marion et Alexandre sont dans la cuisine. Le repas est terminé.

Alexandre : Super dîner ! Merci de m'avoir invité.

Thibault : Mais enfin, c'est normal ! 15 ans d'amitié, ce n'est pas rien.

Alexandre : Ha ha, c'est vrai, et beaucoup de bons souvenirs !

Marion : C'est toujours un plaisir de te recevoir, Alexandre.

Alexandre : Merci, Marion ! Ça fait du bien de passer du temps ensemble.

Thibault : Marion, chérie, tu peux ranger les restes ? Je vais débarrasser la table.

Alexandre : Comment je peux vous aider ?

Marion : Tu peux ramasser les bouteilles, les boîtes vides et autres déchets. On va voir ce qu'on peut recycler ou réutiliser, puis on jettera le reste.

Alexandre : Ça marche ! Ces bouteilles de vin et de bière peuvent être recyclées, non ?

Thibault : Oui, le verre est presque toujours recyclable. Rince-les d'abord.

Alexandre : D'accord ! Et le paquet de champignons en polystyrène, il est recyclable ?

Marion : J'ai bien peur que non, il faut jeter tout le polystyrène. L'emballage des fraises, aussi.

Alexandre : Bon, je vais les mettre à la poubelle. Eh ben, vous n'avez presque rien dans votre poubelle ! Dans mon appartement, la poubelle est toujours pleine d'emballages de plats à emporter !

Thibault : Ce mois-ci on a davantage cuisiné à la maison. On essaie d'accumuler moins de déchets.

Alexandre : Oui, votre amie Amélie m'a dit que vous vouliez faire plus attention à l'environnement.

Thibault : C'est super que tu aies parlé de ça avec elle ! On a lu une étude sur les emballages à usage unique. Les emballages en polystyrène sont un peu plus écologiques que le plastique ou l'aluminium, mais aucun d'entre eux n'est bon pour la planète. On a donc décidé d'utiliser ces trois matériaux le moins possible.

Alexandre : Amélie m'a dit que la mairie de New York a interdit tous les emballages en polystyrène en 2015. Si même la ville de New York peut le faire, j'imagine que moi aussi !

Marion : Tu vas essayer de cuisiner plus souvent ?

Alexandre : Je vais essayer ! En parlant de cuisine, vous avez aimé mon plat de légumes fait maison ?

Thibault : Couper des légumes, ce n'est pas cuisiner, Alexandre.

Alexandre : C'est quand même un début ! C'est mieux que rien !

Tous : Ha ha ha !

Faits essentiels :

- *Chaque ménage produit une grande quantité de déchets chaque année, et même les déchets qui peuvent être recyclés finissent parfois à la poubelle.*

Vocabulaire

(un) souvenir memory
(des) restes leftovers
(un) emballage package
à usage unique single-use
rincer to rinse
(du) polystyrène styrofoam
(un) champignon mushroom
ramasser *here:* to clean up
débarrasser la table clear the table
(la) mairie local council, municipality

Bibliographie

Gallego-Schmid, A. Mendoza, J. F., et Azapagic, A. (2019). Environmental impacts of takeaway food containers. *Journal of Cleaner Production*, *211*, 417-27. https://doi.org/10.1016/j.jclepro.2018.11.220.

Kent County Council. (s.f.). *I want to get rid of…* https://www.kent.gov.uk/waste-planning-and-land/rubbish-and-recycling/i-want-to-get-rid-of.

Louie, S. (11 mars 2015). *Say goodbye to styrofoam.* State of the Planet. https://blogs.ei.columbia.edu/2015/03/11/say-goodbye-to-styrofoam/.

CHAPITRE 26 : LE PROBLÈME DU PLASTIQUE

Les trois amis continuent de ranger et de nettoyer.

Alexandre : Est-ce qu'on peut recycler le film plastique que j'ai utilisé pour recouvrir mon plat de légumes ?

Marion : D'après toi ? Tu as beaucoup parlé d'environnement avec Amélie ce soir, non ?

Alexandre : On n'a pas parlé que d'environnement ! Mais j'aurais tendance à dire que le film plastique n'est pas recyclable.

Thibault : Eh non, malheureusement. On doit aussi jeter les emballages en plastique des poivrons et des épinards, et les bouteilles en plastique des boissons gazeuses.

Marion : Les sacs en plastique sont aussi des déchets.

Alexandre : Oups, désolé, ce sont les miens. J'ai oublié mon sac de course réutilisable à la maison.

Marion : Ne t'inquiète pas, Alexandre ! Au moins, tu as l'habitude d'utiliser un sac réutilisable.

Alexandre : Oui, j'ai vu toutes ces photos de plastique flottant dans la mer, ces pauvres animaux qui restent coincés dans des filets de pêche ou qui avalent des petits morceaux de plastique.

Marion : Oui, je sais ! C'est vraiment triste.

Alexandre : De toute façon, le plastique est mauvais pour la planète, même quand il ne finit pas dans la mer. Fabriquer du plastique génère beaucoup de gaz à effet de serre. Amélie m'a parlé d'une étude qui a révélé que d'ici 2050, la fabrication du plastique pourrait être responsable de 10 à 13 % de tous les gaz à effet de serre !

Thibault : Eh ben ! J'ai lu que même après sa fabrication, le plastique libérait dans l'air des gaz à effet de serre comme le méthane. La lumière du soleil décompose le plastique, et comme ce dernier est fabriqué à partir de pétrole et de charbon, il dégage des gaz à effet de serre, comme une centrale électrique quand elle brûle du pétrole et du charbon !

Alexandre : Bon, c'est décidé. Fini les sacs en plastique. J'emporterai toujours un sac réutilisable avec moi, même s'il faut que je l'écrive sur ma main pour m'en rappeler !

Marion : Ha ha ! Je suis sûre que ce ne sera pas nécessaire, Alexandre. Thibault et moi, on a aussi fait d'autres changements dans notre mode de vie. Par exemple, on apporte nos propres tasses au travail pour boire du café. Comme ça, pas besoin d'utiliser de gobelets en plastique.

Thibault : On a aussi décidé de moins commander en ligne et d'aller directement dans les magasins du quartier. Comme ça, on prend soin de la planète en faisant un peu d'exercice !

Alexandre : Ça ne prend pas plus de temps ?

Marion : Pas autant qu'on le pense ! On fait aussi une liste avant d'aller faire les courses. Comme ça, on ne prend que ce dont on a besoin et on n'oublie rien.

Alexandre : Bonne idée !

Photo de Chauldry Agho sur Unsplash.

Faits essentiels :

- *Le plastique met des milliers d'années à se décomposer.*
- *La fabrication du plastique libère beaucoup de gaz à effet de serre.*
- *Vous pouvez réduire la quantité de plastique que vous utilisez en faisant vos achats localement plutôt qu'en ligne, en utilisant des sacs réutilisables et en achetant moins de plats à emporter.*

Vocabulaire

réutilisable reusable
coincé trapped
comme since, due to, given that
brûler to burn
faire les courses to go shopping

Bibliographie

Agho, Chauldry (s.f.). [Waste] [Fotographie] Unsplash. https://unsplash.com/photos/C75JhUSmnU8.

Center for Environmental Law. (2019). *Plastic & climate: The hidden costs of a plastic planet.* https://www.ciel.org/wp-content/uploads/2019/05/Plastic-and-Climate-FINAL-2019.pdf.

Laville, S. (15 mai 2019). Single-use plastics a serious climate change hazard, study warns. *The Guardian.* https://www.theguardian.com/environment/2019/may/15/single-use-plastics-a-serious-climate-change-hazard-study-warns.

Milligan, S. et Yalabik, B. (3 novembre 2019). *How to make your online shopping more environmentally friendly.* Quartz. https://qz.com/1736111/how-to-make-your-online-shopping-more-environmentally-friendly/.

NOAA. (2020). *Ocean pollution*. https://www.noaa.gov/education/resource-collections/ocean-coasts/ocean-pollution.

Royer, S.-J., Ferrón, S., Wilson, S. T., et Karl, D. M. (2018). Production of methane and ethylene from plastic in the environment. *PLOS One*, *13*(8), e0200574. https://doi.org/10.1371/journal.pone.0200574.

University of Hawaii at Manoa. (1 août 2018). Degrading plastics revealed as source of greenhouse gases. *ScienceDaily*. www.sciencedaily.com/releases/2018/08/180801182009.htm.

Venkat2336. (s.f.). [Déchets plastiques à Batlapalem] [Fotographie]. *Wikimedia Commons*. https://commons.wikimedia.org/wiki/File:Plastic_waste_at_Batlapalem,_Andhra_Pradesh.jpg.

CHAPITRE 27 : ÉCONOMISER L'EAU

Thibault commence à faire la vaisselle dans l'évier.

Alexandre : Thibault, pourquoi tu ne mets pas ces assiettes dans le lave-vaisselle ?

Thibault : On n'économise pas plus d'eau en les lavant à la main ?

Alexandre : Pas forcément ! Amélie m'a dit que les lave-vaisselles consomment souvent moins d'eau.

Marion : Ah bon !?

Alexandre : Oui, elle en parle dans son article sur le changement climatique. La loi oblige les fabricants des lave-vaisselles récents à faire en sorte qu'ils consomment moins d'eau. Si tu le mets en route plein, tu économises de l'eau en fait.

Thibault : Et je m'économise la tâche de faire la vaisselle moi-même ! C'est beaucoup plus rapide d'utiliser le lave-vaisselle.

Marion : Et qu'est-ce qu'Amélie t'a dit d'autre à ce sujet, Alexandre ?

Alexandre : Elle a dit qu'on pouvait économiser de l'eau en réparant les fuites chez nous et sur nos lieux de travail.

Chaque année, jusqu'à 39 milliards de litres d'eau sont perdus dans le monde à cause de fuites des canalisations.

Marion : Mince ! Notre évier fuit et on n'a pas encore appelé le plombier. Il faut vraiment qu'on le note pour ne pas oublier, Thibault !

Thibault : Je le note tout de suite, on appelle le plombier demain sans faute ! J'irai aussi vérifier au boulot s'il y a des fuites.

Marion : Je vérifierai aussi !

Thibault : Est-ce qu'Amélie t'a donné d'autres astuces pour économiser l'eau, Alexandre ?

Alexandre : Oui, elle m'a expliqué que le changement climatique allait rendre l'accès à l'eau plus difficile à l'avenir. À cause du réchauffement planétaire, le climat de nombreux endroits deviendra plus sec.

Thibault : Et les habitants devront quitter leurs maisons pour vivre plus près des ressources d'eau, c'est ça ?

Alexandre : Oui, l'ONU estime qu'entre 24 et 700 millions de personnes devront émigrer.

Marion : C'est terrible.

Alexandre : Oui. En 2040, 1 enfant sur 4 vivra dans un endroit où l'eau sera rare. Les personnes vivant au Moyen-Orient, en Afrique du Nord et en Inde seront les plus à risque.

Thibault : Économiser l'eau, c'est sauver des vies en fait ! Merci pour l'info sur le lave-vaisselle Alexandre !

Alexandre : De rien. C'est à ça que servent les amis.

Marion : Bon, à force de parler d'eau, ça me donne envie de prendre un bon bain relaxant, mais il vaudrait mieux prendre une douche…

Alexandre : La plupart des douches consomment 11 litres d'eau par minute. Une baignoire consomme généralement entre 90 et 140 litres. Les douches spéciales à « faible débit » ne consomment que 9 litres par minute. J'ai promis à Amélie d'en faire installer une dans ma salle de bain !

Marion : Tu l'as *promis* à Amélie ? Dis-moi, elle ne te plairait pas un peu… ?

Alexandre : Disons que je veux faire des efforts pour aider la planète !

Thibault : Hé hé ! Si tu achètes une douche à faible débit, envoie-moi la référence du modèle. Nous aussi on va en acheter une !

Marion : Excellente idée ! Et en attendant, je vais prendre une douche rapide !

Faits essentiels :

- *De nombreux endroits sur Terre deviendront plus secs à cause du réchauffement planétaire. Cela rendra l'accès à l'eau difficile pour des millions de personnes.*
- *Chaque année, une grande quantité d'eau est gaspillée à cause de petites fuites dans nos canalisations.*
- *Nous pouvons économiser l'eau en utilisant des appareils écologiques, comme les lave-vaisselles et les pommeaux de douche économiques à faible débit.*

Vocabulaire

faire la vaisselle to do the dishes
(un) lave-vaisselle dishwasher
pas forcément it doesn't have to (be like that)
à la main by hand
(une) fuite leak **économiser** to save
(une) canalisation pipe
sans faute by all means, without delay
(une) astuce a tip, a trick
réparer to fix
mince! gosh!
(un) pommeau de douche *here:* shower head, sprinkler

Bibliographie

Berners-Lee, M. et Clark, D. (19 août 2010). What's the carbon footprint of ... doing the dishes? *The Guardian*. https://www.theguardian.com/environment/green-living-blog/2010/aug/19/carbon-footprints-dishwasher-washing-up.

Jacewicz, N. (24 novembre 2017). *To save water, should you wash your hands of hand washing dishes?* NPR. https://www.npr.org/sections/thesalt/2017/11/24/564055953/to-save-water-should-you-wash-your-hands-of-hand-washing-dishes.

Jen, T. (2011). *Shower or bath?: Essential answer*. Stanford Magazine. https://stanfordmag.org/contents/shower-or-bath-essential-answer.

Project Drawdown. (s.f.). *Water distribution efficiency*. https://drawdown.org/solutions/water-distribution-efficiency.

United Nations (U.N.). (s.f.). *Water and climate change*. UN Water. https://www.unwater.org/water-facts/climate-change/.

United States Environmental Protection Agency (U.S. E.P.A.). (s.f.). *Showerheads*. Water Sense. https://www.epa.gov/watersense/showerheads.

World Resources Institute (WRI). (6 août 2019). *Release : updated global water risk atlas reveals top water-stressed countries and states*. https://www.wri.org/news/2019/08/release-updated-global-water-risk-atlas-reveals-top-water-stressed-countries-and-states.

CHAPITRE 28 : LE GASPILLAGE ALIMENTAIRE

Marion est en train de prendre une douche. Thibault et Alexandre sont toujours dans la cuisine.

Alexandre : Hé, il reste du dessert! Ça te dit, une deuxième tournée?

Thibault : Carrément! J'ai envie d'une autre part du gâteau d'Amélie.

Alexandre : Il était délicieux! Il ne faut pas gaspiller la bonne nourriture. Amélie m'a parlé du gaspillage alimentaire aussi, d'ailleurs…

Thibault : Ah oui ?! Dis-moi la vérité : tu l'aimes bien, non ? Tu lui as demandé son numéro ?

Alexandre : Quoi ?! Non ! Oui ! Enfin… J'aurai peut-être des questions sur le gaspillage alimentaire, après tout ! Tu sais qu'on pourrait réduire nos émissions de gaz à effet de serre de 11 % par an si on arrêtait de jeter de la nourriture ?

Thibault : Vraiment ? Comment ça se fait que la nourriture qu'on ne mange pas génère des gaz à effet de serre ?

Alexandre : Tout d'abord, des gaz sont libérés quand on coupe des arbres pour les cultures et le bétail. Si on produisait moins de nourriture, on en couperait moins.

Thibault : C'est vrai.

Alexandre : On utilise aussi de l'électricité pour faire fonctionner les machines qui récoltent les cultures, et les usines brûlent des combustibles fossiles quand elles traitent les aliments qui sont ensuite vendus.

Thibault : Je vois.

Alexandre : Il y a aussi les emballages en plastique fabriqués pour vendre la nourriture.

Thibault : Exact.

Alexandre : Les camions et les avions qui transportent cette nourriture brûlent du carburant.

Thibault : Donc si on produit moins de nourriture dès le départ, on réduit les émissions de gaz à effet de serre.

Alexandre : C'est ça.

Thibault : Mais on ne gaspille pas tant de nourriture que ça, hein ? Le gâteau d'Amélie ne va pas être jeté !

Alexandre : Eh bien, selon l'ONU, environ 30 % de toute la nourriture produite dans le monde est jetée chaque année.

Thibault : Waouh, c'est énorme !

Alexandre : Tu manges tous les fruits et légumes que tu achètes chaque semaine, toi ? Les Français jettent 30 kilos d'aliments chaque année par personne, soit 10 millions de tonnes par an.

Thibault : Hmmm… Je ne pense pas. On essaie toujours de manger aussi sainement que possible. On achète beaucoup de salades et de carottes, mais on ne finit jamais tout.

Alexandre : Amélie m'a donné quelques conseils pour gaspiller moins de nourriture à la maison.

Thibault : Ah oui, par exemple…?

Alexandre : Planifier mes repas avant de cuisiner, par exemple. Comme ça, je n'achète que ce que je vais utiliser.

Thibault : C'est logique.

Alexandre : On peut aussi chercher des recettes pour cuisiner les aliments qu'on a déjà à la maison, au lieu de les jeter. Il y a des applications très utiles pour ça, comme SuperCook par exemple. Tu entres les ingrédients que tu as chez toi, et l'application te donne des idées de recettes.

Thibault : Waouh, c'est génial. Je vais télécharger cette application.

Alexandre : Moi aussi. On achète trop de choses quand on vit seul, et on finit toujours par jeter plein de nourriture. Du coup, je vais me mettre à préparer mes repas pour toute la semaine le week-end.

CONSEILS POUR ÉVITER LE GASPILLAGE ALIMENTAIRE À LA MAISON

1/3 de la nourriture produite pour la consommation humaine est jetée chaque année

bien respecter la date « À consommer jusqu'au » de la date « À consommer de préférence avant »

utiliser les produits les plus anciens devant les nouveaux

calculer correctement les quantités

stocker correctement les produits

conserver correctement les aliments

faire une liste de courses avec les produits nécessaires

manger ce que vous achetez et acheter ce dont vous avez besoin

planifier les repas hebdomadaires

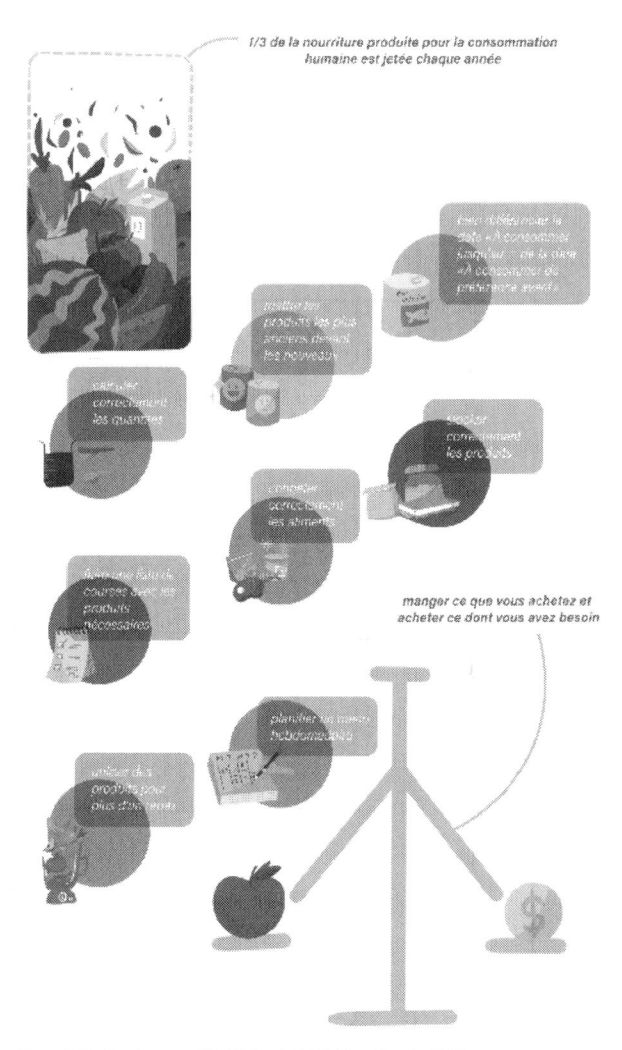

utiliser des produits pour plus d'un repas

Image créée par Jeffie Jasmine pour Olly Richards Publishing, données d'Acciona.

Faits essentiels :

- *Environ 30 % de toute la nourriture produite dans le monde finit à la poubelle.*
- *Nous pouvons éviter le gaspillage alimentaire en planifiant nos repas et en achetant uniquement les quantités dont nous avons besoin.*

Vocabulaire

(une) tournée a round
carrément ! absolutely !
gaspiller to waste
jeter to throw away
finir par *here:* to end up doing something
(la) nourriture food
(un) conseil piece of advice

Bibliographie

Acciona. (s.f.). Consejos para evitar el desperdicio de comida en casa. [Infographie] https://www.sostenibilidad.com/vida-sostenible/desperdicio-de-comida-que-es-y-como-evitarlo

Cunningham, K. (25 avril 2015). *5 apps that help you cook with what you have in your fridge.* Brit + Co. https://www.brit.co/recipe- apps-for-ingredients-you-already-have/.

France Nature Environnement. Campagne Faut pas gâcher ! (s.f.). Pour éviter le gaspillage alimentaire et préserver le climat. [Infographie] https://1.bp.blogspot.com/-lnWk2E1sZ0g/Ww6qCS040-I/AAAAAAAApWw/LoeSgKLQAD0rWRgU_CcrxbvcU1harnkUQCLcBGAs/s1600/Infographie2.jpg

Food and Agriculture Organization of the United Nations (FAO UN). (s.f.). *Food wastage footprint & climate change.* http://www.fao.org/3/a-bb144e.pdf.

Hanson, C., Lipinski, B., Friedrich, J., O'Connor, C., et James, K. (11 décembre 2015). *What's food loss and waste got to do with climate change? A lot, actually.* World Resources Institute. https://www.wri.org/blog/2015/12/whats-food-loss-and-waste-got-do-climate-change-lot-actually.

Ministère de la transition écologique. (30 septembre 2021). *Gaspillage alimentaire.* https://www.ecologie.gouv.fr/gaspillage-alimentaire-0

Oakes, K. (25 février 2020). *How cutting your food waste can help the climate.* BBC Future. https://www.bbc.com/future/ article/20200224-how-cutting-your-food-waste-can-help-the- climate.

Spiegel, J. E. (25 mai 2019). *Food waste starts long before food gets to your plate.* Yale Climate Connections. https://www.yaleclimateconnections.org/2019/05/food-waste-has-crucial-climate-impacts/.

SEPTIÈME PARTIE : VIVRE DE FAÇON DURABLE

Fin octobre. Thibault, Marion et Amélie se rencontrent dans un café à Paris. Il est 16 heures.

CHAPITRE 29 : COMMENT CHANGER LES CHOSES ?

Thibault et Marion arrivent dans le café où ils ont rendez-vous avec Amélie. Ils s'installent et commandent deux cafés.

Marion : C'est bizarre, Amélie n'est jamais en retard d'habitude. J'espère qu'il ne lui est rien arrivé !

Thibault : Je suis sûr qu'elle va bien. Mais c'est vrai qu'elle est toujours ponctuelle d'habitude, contrairement à Alexandre. Tiens, la voilà.

Marion : Alexandre est quand même un peu plus ponctuel qu'avant. Il n'avait qu'une heure de retard l'autre fois. En parlant du loup, regarde qui arrive avec Amélie !

Amélie : Désolée ! Le train d'Alexandre avait du retard.

Thibault : Alexandre, en retard ? Surprenant !

Alexandre : Hé, ce n'était pas ma faute !

Marion : Il y a quinze jours, quand tu es venu dîner chez nous, tu étais en voiture, non ? Pourquoi tu es venu en train aujourd'hui ?

Alexandre : J'essaie de moins utiliser la voiture. Le train consomme moins d'énergie et produit donc moins de gaz à effet de serre.

Marion et Thibault : Super !

Photo d'Andrey Kremkov sur Unsplash

Alexandre : Amélie a une bonne influence sur moi. Qu'est-ce que tu veux boire, Amélie ?

Amélie : Un café avec du lait d'avoine.

Alexandre : Bon choix ! Le lait d'avoine est le meilleur lait pour la planète. J'ai lu ça dans tes articles sur le changement climatique.

Thibault : Oui ! Marion et moi, on est aussi passés au lait d'avoine. Tu as une bonne influence sur nous aussi, Amélie !

Amélie : C'est merveilleux de voir que mon travail contribue à changer les choses ! Nous avons tous fait des changements pour protéger l'environnement.

Marion : Mais tu crois que nos initiatives aident vraiment à lutter contre le changement climatique ? Parfois, j'ai l'impression que ça ne sert à rien...

Amélie : Bien sûr que si, ça aide! Mais c'est vrai que dans l'absolu, nous devons tous nous mettre à agir, au niveau individuel, gouvernemental, et à l'échelle des entreprises.

Thibault : Quelle est la mesure écologique principale que des individus comme nous peuvent prendre ?

Amélie : Il y a une étude récente qui dresse une liste de 148 mesures possibles. La meilleure, c'est d'arrêter d'utiliser la voiture.

Marion : C'est pour ça qu'Alexandre est venu à Paris en train !

Alexandre : Voilà ton café, Amélie.

Amélie : Merci ! Alexandre et moi, on essaie d'utiliser plus souvent les transports en commun.

Thibault : Et qu'est-ce qu'on pourrait faire d'autre ?

Alexandre : Se mettre à un régime plus végétarien par exemple.

Marion : Ça, on le fait déjà !

Amélie : Génial !

Alexandre : En parlant de trucs géniaux, c'est grâce à votre dîner qu'on s'est rencontrés, Amélie et moi. On est ensemble maintenant. Merci encore !

Thibault : Trop bien ! On est très contents pour vous !

Amélie : Et vous, quelles sont les nouvelles ? Je sais que vous avez modifié votre alimentation pour tenir compte de l'environnement.

Marion : Oui, et nous fabriquons notre propre compost ! C'est un très bon engrais pour le jardin. Mais nous avons des nouvelles bien plus importantes à vous annoncer

Alexandre : Ah oui ?

Thibault et Marion : Nous allons avoir un bébé !

Alexandre et Amélie : C'est pas vrai ?! Félicitations !

Amélie : Ah je comprends mieux maintenant… C'est pour ça que vous me posiez toutes ces questions sur le changement climatique. Vous pensiez à l'avenir de votre enfant !

Marion : Exactement. Nous voulons le meilleur avenir possible pour notre fils ou notre fille.

Amélie : Des études ont démontré que notre comportement encourageait notre entourage à faire plus attention à l'environnement.

Alexandre : C'est mon cas ! Je n'avais jamais vraiment pensé au changement climatique avant de rencontrer Amélie.

Thibault : C'est vrai ! Tu n'y as jamais vraiment fait attention, ha ha.

Alexandre : Hé, ne te moque pas de moi devant ma copine.

Amélie : Ne t'inquiète pas, Alexandre, l'important c'est que ça t'intéresse maintenant !

Tous : Ha ha ha !

Faits essentiels :

- *Nous pouvons tous contribuer à réduire le réchauffement planétaire.*
- *Lorsqu'on agit, on encourage d'autres personnes à suivre notre exemple.*

Vocabulaire

rencontrer *here:* meet someone
tôt early, soon
(le) retard delay
(l') avoine oat
dresser une liste to make a list
être ensemble to be together, to be a couple
(la) nouvelle *here :* news
(l') engrais fertilizer
(l') entourage relatives, friends, and acquaintances

Bibliographie

Hackel, L. et Sparkman, G. (26 octobre 2018). *Reducing your carbon footprint still matters*. Slate. https://slate.com/ technology/2018/10/carbon-footprint-climate-change-personal- action-collective-action.html.

Kraft-Todd, G. T., Bollinger, B., Gillingham, K. Lamp, S., et Rand, D. G. (2018). Credibility-enhancing displays promote the provision of non-normative public goods. *Nature*, *563*, 245-48. https://doi.org/10.1038/s41586-018-0647-4.

Kremkov, Andrey. [A Suburban Train in an Autumn Forest] [Fotographie]. *Unsplash*. https://unsplash.com/photos/2v2Mbo6ibrw.

McGivney, A. (29 janvier 2020). Almonds are out. Dairy is a disaster. So what milk should we drink? *The Guardian*. https://www.theguardian.com/environment/2020/jan/28/what-plant-milk-should-i-drink-almond-killing-bees-aoe.

Ortiz, D. A. (4 novembre 2018). *Ten simple ways to act on climate change*. BBC Future. https://www.bbc.com/future/article/20181102-what-can-i-do-about-climate-change.

Wynes, S. et Nicholas, K. A. (2017). The climate mitigation gap: education and government recommendations miss the most effective individual actions. Environmental Research Letters, 12(7), 4024. https://doi.org/10.1088/1748-9326/aa7541.

CHAPITRE 30 : ACCUMULER MOINS DE CHOSES

Les quatre amis continuent de discuter au café. Alexandre et Amélie veulent en savoir plus sur le bébé, et Marion et Thibault ont d'autres questions sur le changement climatique.

Amélie : Quand va naître le bébé ?

Thibault : En avril.

Alexandre : Super !

Marion : On a vraiment hâte. Mais on a lu qu'avoir des enfants n'est pas si "écologique" que ça.

Thibault : Dans cette liste des mesures qu'on peut prendre pour contribuer à protéger l'environnement, la première, c'est de ne pas conduire, et la deuxième, ne pas avoir d'enfants.

Amélie : C'est plus compliqué que ça. On ne va quand même pas arrêter d'avoir des enfants ! Mais si on veut vraiment vivre de manière écologique, il faut aussi apprendre l'écologie à nos enfants.

Alexandre : À l'avenir, il y aura aussi plus de lois pour protéger l'environnement. Nos enfants et nos petits-enfants ne produiront pas autant de gaz à effet de serre que nous, ni autant de déchets. J'espère en tout cas !

Thibault : Tu sais quoi, Amélie ? Après le dernier dîner chez nous, Marion, Alexandre et moi, on a parlé des déchets et du gaspillage. Du coup, on a tous décidé de faire en sorte de gaspiller moins de nourriture !

Marion : On essaie aussi d'acheter moins de choses. Mais les bébés ont besoin d'un tas de trucs !

Thibault : Notre famille et nos amis vont nous donner des vêtements d'occasion et d'autres accessoires pour bébé. Ça nous évitera d'en acheter.

Marion : Et les couches ? On devrait peut-être utiliser des couches en tissu ?

Amélie : En fait, les couches lavables ne sont pas meilleures que les couches jetables.

Thibault, Marion et Alexandre : Ah bon !?

Amélie : Oui, laver les couches consomme beaucoup d'eau. La meilleure solution sont les couches fabriquées à partir de matériaux compostables.

Marion : Excellente idée !

Alexandre : Mais ne t'en fais pas, Marion. Thibault et toi en faites déjà beaucoup pour réduire la quantité d'affaires que vous avez !

Thibault : Je disais à Alexandre la semaine dernière qu'on avait amené tous nos vieux appareils au recyclage.

Marion : Oui, on a lu que seulement 20 % de tous les produits électroniques dans le monde sont recyclés. Mais les entreprises pourraient réutiliser ces matériaux ! Apple, par exemple, a réutilisé plus de 900 kilos d'or en 2015.

Amélie et Alexandre : Waouh !

Amélie : J'achète moins de vêtements maintenant. Tu vois cette jupe ?

Marion : Je la regardais justement ! Elle est très jolie.

Amélie : Je l'ai faite avec une vieille robe. J'adorerais vous faire des vêtements pour le bébé.

Marion et Thibault : Ce serait super, merci Amélie !

Alexandre : La clé, c'est de se souvenir des 3 R : Réduire, Réutiliser et Recycler. Tu vois ? Je les ai mis en fond d'écran sur mon portable.

Thibault : J'adore ! Voyons voir : « Réduire » veut dire « acheter moins ».

Alexandre : Exactement ! Par exemple, ne pas acheter de nouvel ordinateur ou de téléphone portable si ceux que nous avons fonctionnent encore.

Marion : Mais tu as toujours adoré t'acheter les dernières nouveautés.

Alexandre : Plus maintenant !

Marion : Le deuxième « R », c'est « Réutiliser ». Comme Amélie, qui a réutilisé sa robe pour en faire une jupe.

Amélie : C'est ça ! Et toi, tu réutiliseras les vêtements et accessoires de bébé des autres.

Alexandre : Et on sait tous qu'on peut recycler des matériaux comme le verre, l'aluminium et le papier.

Amélie : Tout à fait !

Faits essentiels :

- *Nous pouvons « Réduire, réutiliser et recycler » pour atténuer le réchauffement planétaire.*
- *Réduire, c'est acheter moins de choses.*
- *On peut réutiliser des vêtements, des meubles et d'autres objets.*
- *Il faut toujours recycler les matériaux tels que le papier, le verre et l'aluminium.*
- *On peut aussi recycler des choses comme les appareils électroniques.*

Vocabulaire

naître to be born
jetable disposable
(les) couches nappies, diapers
(un) fond d'écran wallpaper (on an electronic device)
atténuer to mitigate, to reduce the effects of something

Bibliographie

Consumer Reports. (22 avril 2018) *How to recycle old electronics.* https://www.consumerreports.org/recycling/how-to-recycle- electronics/.

Goldberg, G. (2012). *Don't pooh-pooh my diaper choice: essential answer.* Stanford Magazine. https://stanfordmag.org/contents/don-t-pooh-pooh-my-diaper-choice-essential-answer.

Halstead, J. et Ackva, J. (10 février 2020). *Climate & lifestyle report.* Founders Pledge. https://founderspledge.com/stories/climate- and-lifestyle-report.

National Institute of Environmental Health Sciences. (s.f.). *Kids Environment Kids Health: Reuse*. https://kids.niehs.nih.gov/topics/reduce/reuse/index.htm.

Samuel, S. (13 février 2020). *Having fewer kids will not save the climate*. Vox. https://www.vox.com/future-perfect/2020/2/13/21132013/climate-change-children-kids-anti- natalism.

United States Environmental Protection Agency (U.S. E.P.A.). (s.f.). *Electronics donation and recycling*. https://www.epa.gov/recycle/electronics-donation-and-recycling.

—. *Reduce, Reuse, Recycle*. https://www.epa.gov/recycle.

van Basshuysen, P. et Brandstedt, E. (2018). Comment on 'The climate mitigation gap: education and government recommendations miss the most effective individual actions.' *Environmental Research Letters*, *13* (4), 8001. https://doi.org/10.1088/1748-9326/aab213.

Wynes, S. et Nicholas, K. A. (2017). The climate mitigation gap: education and government recommendations miss the most effective individual actions. *Environmental Research Letters*, *12*(7), 4024. https://doi.org/10.1088/1748-9326/aa7541.

CHAPITRE 31 : LES MOYENS DE TRANSPORT ET L'EMPREINTE CARBONE

Les quatre amis continuent de discuter du changement climatique. Marion se met à réfléchir à sa vie après l'arrivée du bébé.

Marion : Alexandre, tu as toujours ta voiture, non ?

Alexandre : Oui, pourquoi ?

Marion : Je me demande si on aura besoin d'une voiture une fois que le bébé sera là.

Thibault : Mais non ! On le mettra sur le siège arrière de mon vélo.

Marion : D'accord, mais comment est-ce qu'on va transporter la poussette ?!

Thibault : Si on a besoin de la poussette, on n'aura qu'à marcher ou prendre le train. Et si jamais on a vraiment besoin d'une voiture, on pourra toujours l'emprunter à Alexandre !

Alexandre : Bien sûr ! Je serai ravi de vous prêter ma voiture.

Marion : Tu as raison. Et de toute façon, on fait la plupart de nos courses dans les magasins du quartier. Amélie, il me semble que tu disais que la première mesure à suivre pour vivre une vie plus écologique était de réduire l'utilisation de la voiture, pas vrai ?

Photo de Nabeel Syed sur Unsplash.

Amélie : C'est vrai. Les transports sont la première cause d'émission de gaz à effet de serre en France, bien avant l'électricité ou toute autre source d'énergie !

Thibault, Marion et Alexandre : Waouh !

Amélie : Dans le monde, les transports génèrent environ 14 % des émissions de gaz à effet de serre par an.

Alexandre : Et la voiture est le coupable principal ?

Amélie : En termes d'écologie et d'environnement, les voitures et les avions sont pires que les trains et les autres moyens de transport en commun. Mais la construction et l'entretien des gares et des voies ferrées génèrent aussi des gaz à effet de serre.

Thibault : Il faudrait donc faire attention à la façon dont on les construit.

Marion : Les gares pourraient utiliser l'énergie solaire et éolienne, par exemple.

Amélie : Exactement ! Et pourtant, le nombre de voitures en France n'arrête pas d'augmenter ! Mais le vrai problème, en fait, c'est la fréquence à laquelle nous conduisons et la distance que nous parcourons.

Alexandre : Donc, chaque fois que c'est possible, ce serait mieux de prendre le train. Il faudrait aussi apprendre à changer nos habitudes. On pourrait par exemple choisir de passer nos vacances dans des endroits différents, accessibles en train plutôt qu'en avion.

Amélie : Tout à fait. Un voyage aller-retour de Paris à New York génère plus de dioxyde de carbone que des millions de personnes dans le monde en un an !

Thibault et Marion : Waouh !

Thibault : C'est sûr qu'il vaut mieux marcher, faire du vélo, utiliser les transports en commun quand c'est possible, et rester le plus près possible de chez soi. Et en vacances, visiter des endroits accessibles sans avion ! Tu vois Marion, on économisera l'argent qu'on aurait dépensé pour une voiture, et on pourra l'investir dans d'autres choses, comme par exemple des vélos de meilleure qualité !

Marion : Ou des panneaux solaires pour la maison !

Amélie : C'est aussi une très bonne idée !

Faits essentiels :

- *Les transports génèrent beaucoup de gaz à effet de serre, notamment les voitures et les avions. Mieux vaut utiliser les transports publics.*

Vocabulaire

(un) siège seat
(la) construction (industry) building sector, construction sector
(une) voie ferrée railway track
il vaut mieux it is better to

Bibliographie

Chester, M. A. et Horvath, A. (2009). Environmental assessment of passenger transportation should include infrastructure and supply chains. *Environmental Research Letters*, *4*(2), 4008. http://dx.doi.org/10.1088/1748-9326/4/2/024008.

Kommenda, N. (19 juillet 2019). How your flight emits as much CO2 as many people do in a year. *The Guardian*. https://www.theguardian.com/environment/ng-interactive/2019/jul/19/carbon- calculator-how-taking-one-flight-emits-as-much-as-many-people- do-in-a-year.

Le Monde. Éric Béziat. (2 juillet 2019) *Jamais les Français n'ont possédé autant de voitures*. https://www.lemonde.fr/economie/article/2019/07/02/jamais-les-francais-n-ont-possede-autant-de-voitures_5484295_3234.html.

Project Drawdown. (s.f.). *Transportation*. https://drawdown.org/sectors/transportation.

Sénécat, Adrien. (8 juillet 2019, mis à jour le 14 juillet 2019) *Voiture, industrie, viande… Quelles sont les causes du réchauffement climatique en France ?* Le Monde. https://www.lemonde.fr/les-decodeurs/article/2019/07/08/voiture-industrie-viande-quelles-sont-les-causes-du-rechauffement-climatique-en-france_5486767_4355770.html#:~:text=Selon%20cet%20inventaire%2C%20les%20transports,(18%2C9%25).

Syed, Nabeel. [Rows of Car Headlights] [Fotographie]. *Unsplash*. https://unsplash.com/photos/Jk3-Uhdwjcs.

Topham, G. (16 septembre 2019). Road transport emissions up since 1990 despite efficiency drive. *The Guardian*. https://www.theguardian.com/uk-news/2019/sep/16/uk-road-transport-emissions-up-since-1990-despite-efficiency-drive.

Westin, J. et Kågeson, P. (2012). Can high speed rail offset its embedded emissions? *Transportation Research Part D : Transport and Environment, 17*(1), 1-7. https://doi.org/10.1016/j.trd.2011.09.006.

Whibey, J. (2 septembre 2015). *Fly or drive ? Parsing the evolving climate math.* Yale Climate Connections. https://www.yaleclimateconnections.org/2015/09/evolving-climate-math-of-flying-vs-driving/.

Wright, L. (20 février 2020). The impact of transport on climate is more complicated than it seems. *The Independent*. https://www.independent.co.uk/news/long_reads/science-and-technology/climate-transport-hs2-impact-train-high-speed-rail-flight-a9341976.html.

CHAPITRE 32 : ÉTEIGNEZ LES LUMIÈRES ! IL FAUT ÉCONOMISER L'ÉNERGIE

La nuit est tombée. Une serveuse s'approche pour allumer une bougie sur la table.

Alexandre : Laissez tomber les panneaux solaires, on devrait lire à la bougie, comme avant !

Amélie : Ha ha, ce n'est pas un peu extrême, non ? Mais réduire la consommation d'électricité est clairement la première étape pour économiser l'énergie.

Marion : Mais Amélie a expliqué dans son dernier article que ce n'était pas suffisant ! On pense qu'éteindre les lumières aide à économiser beaucoup d'énergie, mais pas autant que d'autres initiatives qu'on pourrait prendre.

Amélie : C'est vrai !

Thibault : On pourrait par exemple acheter des appareils électroménagers qui consomment moins d'énergie, et bien isoler notre maison.

Marion : Mais ça coûte cher ça, non ?

Amélie : Parfois, mais il existe des solutions plus économiques. Alexandre et moi, on vient d'acheter un bas de porte. C'est un morceau de mousse qui se place en bas d'une porte pour empêcher les infiltrations d'air.

Alexandre : Et on n'oublie pas de nettoyer et de bien maintenir les grilles de ventilation de nos appartements, pour utiliser l'air le plus efficacement possible.

Amélie : Et comme ça, on prend à la fois soin de la planète et de notre porte-monnaie, puisqu'on économise sur la facture d'électricité.

Marion : Super, je note !

Alexandre : J'en ai aussi parlé à mon patron, parce que notre bureau gaspille beaucoup d'énergie. Les lumières restent souvent allumées toute la nuit alors qu'il n'y a personne dans les locaux.

Thibault : Et qu'a dit ton patron ?

Alexandre : Il a décidé de mettre des détecteurs de mouvement pour allumer les lumières. Comme ça, elles ne s'allument que s'il y a quelqu'un.

Amélie : Moi aussi, j'ai parlé à mon éditeur, Philippe. On laisse toujours nos ordinateurs en veille lorsqu'on quitte le bureau. Même s'ils sont en veille, ils consomment quand même beaucoup d'énergie.

Marion : Mais est-ce qu'on doit éteindre les ordinateurs à chaque fois ? Après chaque utilisation ? Je croyais qu'il valait mieux ne pas les éteindre trop souvent…

Amélie : Ce n'est pas vrai ! On peut tout à fait éteindre les ordinateurs la nuit, ça ne pose aucun problème aux modèles modernes.

Alexandre : Bon, il faut surtout se rappeler que l'utilisation des combustibles fossiles pour la production d'électricité et de chauffage est la première cause d'émission de gaz à effet à serre dans le monde. C'est pour ça qu'il faut faire notre maximum pour utiliser des énergies propres.

Photo de Matthew Waring sur Unsplash.

Thibault : C'est vrai ! J'en ai parlé aux autres médecins de mon cabinet. Nous allons faire installer des panneaux solaires sur le toit.

Amélie : Génial !

Faits essentiels :

- *L'énergie, en particulier l'électricité, est la principale source d'émissions de gaz à effet de serre.*
- *Nous pouvons économiser l'électricité en éteignant les lumières et les ordinateurs. Nous pouvons aussi empêcher l'air chaud ou froid de s'échapper de nos maisons.*
- *Prendre ces mesures permet d'économiser non seulement de l'énergie, mais aussi de l'argent.*

Vocabulaire

(une) bougie candle
être suffisant to be enough
(des) appareils électroménagers household appliance
isoler insulate
(un) bas de porte draught excluder
laisser tomber to give up
(une) facture bill
(un) cabinet médical GP practices

Bibliographie

Attari, S. Z., DeKay, M. L., Thibaultson, C. I., et de Bruin, W. B. (2010). Public perceptions of energy consumption and savings. *PNAS, 107* (37), 16054-59. https://doi.org/10.1073/pnas.1001509107.

Boston University. (s.f.). *Sustainability @ BU: Turn off the lights*. https://www.bu.edu/sustainability/what-you-can-do/ten-sustainable-actions/turn-off-the-lights/.

Bray, M. (décembre 2006). *Review of computer energy consumption and potential savings: White paper*. https://www.dssw.co.uk/research/computer_energy_consumption.pdf.

Center for Climate and Energy Solutions (C2ES). (s.f.). *Global Emissions*.https://www.c2es.org/content/international-emissions/.

The Earth Institute at Columbia University. (16 août 2010). *Survey shows many are clueless on how to save energy*. https://www.earth.columbia.edu/articles/view/2717.

ENERGY STAR. (s.f.). *ENERGY STAR @ home tips*. https://www.energystar.gov/products/energy_star_home_tips.

Tufts Climate Initiative. (s.f.). *Climate change is real turn off your computer!* https://sustainability.tufts.edu/wp-content/uploads/Computer_brochures.pdf.

Waring, Matthew. [Shanghai, Chine] [Fotographie]. *Unsplash*. https://unsplash.com/photos/aKkmoxZWWRA.

CHAPITRE 33 : DES TECHNOLOGIES DU FUTUR POUR CONTRER LE CHANGEMENT CLIMATIQUE

Amélie sort un carnet et un stylo de son sac à main. Elle se met à prendre des notes.

Alexandre : Est-ce que tu es en train de noter tout ce que tes merveilleux amis font pour lutter contre le changement climatique ?

Amélie : Ha ha, non ! Je suis en train de noter une question que je dois penser à poser à quelqu'un lundi.

Marion : Au travail ?

Amélie : Oui, je suis en contact avec un scientifique qui travaille sur la séquestration du carbone.

Thibault, Marion et Alexandre : La séquestration du carbone ?

Thibault : Qu'est-ce que c'est ?

Amélie : La séquestration du carbone, c'est une technologie qui empêche le dioxyde de carbone d'entrer dans l'air, pour ne pas accentuer le réchauffement planétaire.

Alexandre : Waouh ! Super intéressant !

Marion : Comment ça fonctionne ?

Amélie : On élimine le dioxyde de carbone généré pendant la production d'électricité dans les centrales électriques. Et ce dioxyde de carbone est ensuite transféré dans un lieu sûr.

Marion : Je ne suis pas sûre de bien comprendre le processus, mais ça a l'air plutôt bien.

Alexandre : J'étais un peu perdu moi aussi, Marion, mais Amélie m'a montré une image qui m'a aidé à mieux comprendre.

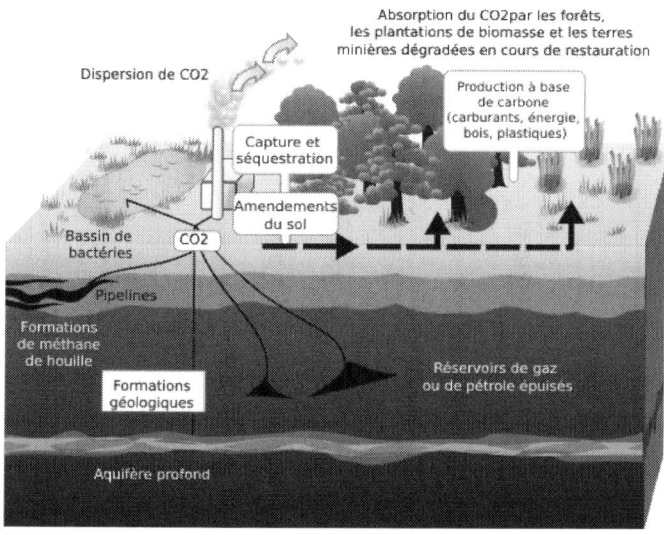

Schéma montrant la séquestration terrestre et géologique des émissions de dioxyde de carbone d'une centrale à biomasse ou à combustible fossile. Rendu par LeJean Hardin et Jamie Payne.

Thibault : Je vois ! Le carbone est capturé dans la centrale électrique.

Amélie : Exactement !

Alexandre : Est-ce qu'il existe des façons moins chères de capturer le carbone ?

Amélie : Oui, planter plus d'arbres par exemple ! Ils absorbent le carbone mieux que n'importe quelle machine.

Thibault : Ils sont aussi plus esthétiques que les usines !

Marion : Totalement d'accord !

Alexandre : Tu vas mentionner d'autres types de technologies dans cet article ?

Amélie : Oui, je pense ! Je vais aussi parler du chanvre.

Thibault : Le chanvre ? Ce n'est pas une plante, ça ?

Amélie : Si, c'est la plante qui absorbe le plus de carbone.

Marion : Le chanvre, ce n'est pas la plante du cannabis ?

Amélie : Le chanvre et le cannabis appartiennent à la même famille de plantes, mais le chanvre contient une très faible quantité de la substance pour laquelle les gens fument du cannabis. Le chanvre était utilisé il y a des siècles pour fabriquer des cordes, des ficelles, du papier, du tissu et des voiles de bateau. L'huile de chanvre servait même à fabriquer de la peinture à l'huile et du vernis. Beaucoup d'œuvres d'art ont été peintes avec des peintures à base d'huile de chanvre !

Alexandre : Comment peut-on utiliser le chanvre pour prévenir le changement climatique ? En plantant des champs de chanvre ?

Amélie : Ce serait un très bon moyen de capturer le carbone ! Mais on peut aussi utiliser le chanvre pour remplacer certains matériaux de construction, comme le ciment et l'acier, par exemple.

Thibault : Waouh !

Amélie : La construction produit 40 % de tous les gaz à effet de serre générés par la consommation d'énergie.

Marion : C'est énorme !

Alexandre : Tu vas interviewer quelqu'un qui utilise une technologie impliquant du chanvre ?

Amélie : Oui !

Alexandre : J'ai hâte d'en savoir plus !

Faits essentiels :

- *Certaines technologies nouvelles, comme la séquestration du carbone, peuvent réduire la quantité de dioxyde de carbone dans l'air.*
- *Certaines plantes comme le chanvre sont très efficaces pour capturer le carbone dans l'air.*

Vocabulaire

(un) carnet notebook
transférer to move to another place, to transport
(le) chanvre hemp
(une) corde string
(une) peinture à l'huile oil painting
(un) vernis varnish
(du) ciment concrete

Bibliographie

Budds, D. (19 septembre 2019). *How do buildings contribute to climate change?* Curbed. https://www.curbed.com/2019/9/19/20874234/buildings-carbon-emissions- climate-change.

Carbon Capture & Storage Association (CCSA). (s.f.). *What is CCS?* http://www.ccsassociation.org/what-is-ccs/.

Center for Climate and Energy Solutions (C2ES). (s.f.). *Carbon capture.* https://www.c2es.org/content/carbon-capture/.

Dossier Fibres et teintures végétales - Jardins de France 644 - Sylvestre Bertucelli. *Chanvre : usage d'hier et d'aujourd'hui.* (Novembre-décembre 2016) *https://www.jardinsdefrance.org/wp-content/uploads/2018/01/JdF644_1_B.pdf*

Gottsegen, M. D. (2006) *The Painter's Handbook: A Complete Reference.* Nueva York : Watson-Guptill.

Hardin, L. et Payne, J. (10 juillet 2009). *Schematic showing both terrestrial and geological sequestration of carbon dioxide emissions from a biomass or fossil fuel power station* [Infographie]. *Wikimedia Commons.* https://commons.wikimedia.org/wiki/File:Carbon_sequestration-2009-10-07.svg.

Lawrence, M. (25 septembre 2014). Growing our way out of climate change by building with hemp and wood fibre. *The Guardian.* https://www.theguardian.com/sustainable-business/2014/sep/25/ hemp-wood-fibre-construction-climate-change.

Nunley, K. (11 avril 2020). *What's the difference between hemp vs. marijuana?* https://www.medicalmarijuanainc.com/whats-the-difference-between-hemp-and-marijuana/.

University of Bath. (17 septembre 2008). *Houses Made Of Hemp Could Help Combat Climate Change*. ScienceDaily.

Recuperado el 27 de abril de 2020 de: www.sciencedaily.com/releases/2008/09/080916154724.htm.

United Nations Environment Programme (U.N.E.P.). (2017). *Global status report 2017 : Towards a zero-emission, efficient, and resilient buildings and construction sector*. https://www.worldgbc.org/sites/default/files/UNEP%20188_GABC_en%20%28web%29.pdf.

Varanasi, A. (27 septembre 2019). *You asked: Does carboncapture technology actually work?* State of the Planet. https://blogs.ei.columbia.edu/2019/09/27/carbon-capture-technology/.

Vosper, J. (s.f.). *The role of industrial hemp in carbon farming*. GoodEarth Resources. https://www.google.com/

CHAPITRE 34 : OUI, NOUS POUVONS CHANGER LES CHOSES !

Cela fait des heures que les quatre amis discutent entre autres choses du changement climatique et du bébé de Marion et de Thibault...

Marion : Bon, on va y aller, désolée, je me fatigue plus vite ces derniers temps !

Alexandre : C'est normal, tu es enceinte ! Ça doit être épuisant.

Amélie : Je suis tellement heureuse pour vous deux !

Thibault : Merci, Amélie, je suis très heureux pour vous aussi ! Je me suis toujours dit que vous iriez bien tous les deux, toi et Alexandre.

Alexandre : Ah oui !? Et pourquoi tu ne nous as rien dit ?

Thibault : Je t'ai invité à Orléans plein de fois, mais tu n'as jamais voulu venir !

Alexandre : Oups, c'est vrai. J'étais toujours trop occupé par le travail.

Amélie : Mais tu es finalement venu ce jour-là !

Alexandre : Oui, heureusement !

Amélie : Vous avez quelque chose de prévu pour le reste du week-end ?

Marion : Oui, on va assister à la réunion hebdomadaire d'un groupe écologiste à Orléans demain.

Amélie et Alexandre : Génial !

Alexandre : Quel va être le sujet de la réunion ?

Thibault : Le groupe veut proposer à la mairie d'utiliser les énergies solaire et éolienne pour certains de leurs bâtiments.

Alexandre : Excellente idée !

Thibault : Je vais aussi leur suggérer d'installer dans ces bâtiments des lampes à détecteurs de mouvement.

Marion : Les fonctionnaires de la mairie seront ravis d'apprendre qu'ils peuvent économiser de l'argent et prendre soin de la planète en même temps.

Thibault : Et vous, vous faites quoi demain ?

Amélie : Je vais envoyer un email pour prendre rendez-vous avec le scientifique dont je vous ai parlé, celui qui est spécialisé en séquestration du carbone. Et l'après-midi, on pensait aller faire une bonne balade dans le parc.

Alexandre : Et après la balade, je prendrai mon train de retour pour Nantes.

Amélie : Mais je pense que tu n'auras bientôt plus à le faire aussi souvent !

Thibault : Ah bon ?

Alexandre : Oui, j'ai demandé à mon patron si je pouvais me remettre à faire du télétravail. .

Amélie : Comme ça, il pourra rester avec moi à Paris plus longtemps !

Alexandre : J'ai beaucoup aimé télétravailler pendant la pandémie du coronavirus. Je suis retourné au bureau juste parce qu'on nous donne à manger gratuitement !

Amélie : Mais maintenant qu'il a une alimentation à base de plantes, cuisiner à la maison est devenu beaucoup plus simple.

Marion : Trop cool !

Amélie : Nous avons trouvé tellement de moyens pour protéger la planète, et nous les mettons en pratique ! Je suis vraiment fière de nous !

Thibault : Et en plus, on en parle avec d'autres et on partage de bonnes astuces !

Amélie : C'est essentiel, ça. En parlant de ce qu'on fait pour lutter contre le changement climatique, on encourage d'autres personnes à faire de même. Vous vous souvenez des manifestations pour le climat de 2019 ? Des millions de personnes dans le monde entier y avaient participé.

Marion : Tu as raison, Amélie. Et tes articles atteignent un grand public aussi ! Je suis sûre que tes lecteurs feront tout leur possible pour lutter contre le changement climatique.

Amélie : L'information, c'est le pouvoir !

Thibault : Alors, que diriez-vous de nous retrouver ici le mois prochain ?

Marion, Alexandre et Amélie : Parfait !

Thibault et Marion : On se voit le mois prochain alors ! Bye !

Alexandre et Amélie : À la prochaine !

Faits essentiels :

- *Nous avons tous un rôle à jouer pour réduire l'impact du changement climatique. Ensemble, nous pouvons contribuer à améliorer les choses.*

Vocabulaire

enceinte pregnant
épuisant exhausting, tiresome
fonctionnaire public worker, public servant
assister à to attend
télétravailler, faire du télétravail to work from home, work remotely
(une) balade a walk
gratuit free (that costs no money)
(une) manifestation demonstration

Bibliographie

Cooney, C. (2010). The perception factor: climate change gets personal. *Environmental Health Perspectives, 118* (1), A485-89. https://ehp.niehs.nih.gov/doi/pdf/10.1289/ehp.118-a484.

Intothewoods7. (15 mars 2019). *Protesters march with signs along Market Street during the San Francisco Youth Climate Strike, on 15 March 2019* [Fotographie]. *Wikimedia Commons* https://commons.wikimedia.org/wiki/File:San_Francisco_Youth_Climate_Strike_-_March_15,_2019_-_18.jpg.

Marshall, N. A., Thiault, L., Beeden, A., Beeden, R., Benham, C. Curnock, C. I., Diedrich, A., Gurney, G. G., Jones, L., Marshall,

P. A., Nakamura, N., et Pert, P. (2019). Our environmental value orientations influence how we respond to climate change. *Frontiers in Psychology: Environmental Psychology*, *10*, 938. https://doi.org/10.3389/fpsyg.2019.00938.

FIN

THANKS FOR READING!

I hope you have enjoyed this book and that your language skills have improved as a result!

A lot of hard work went into creating this book, and if you would like to support me, the best way to do so would be to leave an honest review of the book on the store where you made your purchase.

Want to get in touch? I love hearing from readers. Reach out to me any time at *olly@storylearning.com*

To your success,

Olly Richards

MORE FROM OLLY

If you have enjoyed this book, you will love all the other free language learning content I publish each week on my blog and podcast: *StoryLearning*.

Blog: Study hacks and mind tools for independent language learners.

www.storylearning.com

Podcast: I answer your language learning questions twice a week on the podcast.

www.storylearning.com/itunes

YouTube: Videos, case studies, and language learning experiments.

https://www.youtube.com/ollyrichards

COURSES FROM OLLY RICHARDS

If you've enjoyed this book, you may be interested in Olly Richards' complete range of language courses, which employ his StoryLearning® method to help you reach fluency in your target language.

Critically acclaimed and popular among students, Olly's courses are available in multiple languages and for learners at different levels, from complete beginner to intermediate and advanced.

To find out more about these courses, follow the link below and select "Courses" from the menu bar:

https://storylearning.com/courses

"Olly's language-learning insights are right in line with the best of what we know from neuroscience and cognitive psychology about how to learn effectively. I love his work!"

Dr. Barbara Oakley,
Bestselling Author of "A Mind for Numbers"

Printed in Great Britain
by Amazon